Visual Encyclopedia
JAPANESE GOD

ビジュアル図鑑
日本の神々

監修
志水義夫

KANZEN

まえがき

　神話とは何か。それはこの世の在り様（世界観）を神々の貴い行為に由来するものとして信じていた人々の伝える物語です。私たちがいるこの宇宙はどうやって生まれたのか、天や地はどうしてここにあるのか、なぜひとは死ぬのかなどを『はじまりの物語』として語ります。
　この物語の主人公は「神」と呼ばれる存在です。日本の神々はさまざまな属性をもち、それに結びついた名前をもっています。神は姿をもちませんが、我々の前にはひとの姿で現れて物語を繰り広げます。
　本書はその姿を一案としてイメージ化し、神々の属性と物語について説明するものです。ご利益・神社も載せてあります（これはあくまで一例に過ぎません。また、御祭神も大きな神社の摂社・末社まで拾ってあります）。
　世界の神話のなかでも日本の神話はその大河ドラマ的なストーリー性で有数の面白さをもっています。本書はあらすじものせてありますので、イラストのような神々の繰り広げる物語を楽しんでください。

監修者 志水義夫

目次

序章 日本神話の基礎知識

日本神話の原典	006
日本神話の物語	007
日本神話の世界観	010
神様図鑑ページの見方	012

第1章 天地の初め

相関図	014
物語紹介	016
アメノミナカヌシ	018
タカミムスヒノカミ	020
カムムスヒノカミ	022
ウマシアシカビヒコヂノカミ	024
アメノトコタチノカミ	025
クニノトコタチノカミ	025
ウヒヂニノカミ・スヒヂニノカミ	026
ツヌグイノカミ・イクグイノカミ	026
オオトノヂノカミ・オオトノベノカミ	027
オモダルノカミ・アヤカシコネノカミ	027
イザナキノミコト	028
イザナミノミコト	030
ヒルコノカミ	032
イクシマノカミ・タルシマノカミ	032

第2章 八百万の神々の誕生

相関図	034
物語紹介	036
オオワタツミノカミ	040
ハヤアキツヒコ・ハヤアキツヒメ	041
カタクロクシン	041
シナツヒコノカミ	041
オオヤマツミノカミ	042
カヤノヒメノカミ	042
ククノチノカミ	043
トリイワクスフネノカミ	043
オオゲツヒメノカミ	043
ヒノカグツチノカミ	044
カナヤマビコノカミ・カナヤマビメノカミ	046

ハニヤスビコノカミ・ハニヤスビメノカミ	046
ミツハノメノカミ	047
ワクムスヒノカミ	047
トヨウケビメノカミ	048
アメノオハバリノカミ	049
ナキサワメノカミ	050
イワサクノカミ・ネサクノカミ・イワツツノオノカミ	050
ミカハヤヒノカミ・ヒハヤヒノカミ	051
クラオカミノカミ・クラミツハノカミ	051
タケミカヅチノオノカミ	052
アマテラスオオミカミ	054
タケハヤスサノオノミコト	056
ツクヨミノミコト	058
ヤクサノイカヅチノカミ	060
ツキタツフナトノカミ	060
チマタノカミ	061
ワタツミサンシン	061
ヤソマガツヒノカミ・オオマガツヒノカミ	062
カムナオビノカミ・オオナオビノカミ	062
スミヨシサンシン	063

第3章 三貴子の物語

相関図	066
物語紹介	068
ムナカタサンジョシン	070
アメノオシホミミノミコト	072
アメノホヒノミコト	073
アマツヒコネノミコト	074
イクツヒコネノミコト	075
クマノクスビノミコト	076
アマツマラ	077
イシコリドメノミコト	077
オモイカネノカミ	078
タマノオヤノミコト	080
フトダマノミコト	080
アメノタヂカラオノカミ	081
アメノウズメノミコト	082
アメノコヤネノミコト	084

第4章　出雲神話

相関図 086
物語紹介 088
クシナダヒメ 092
アシナヅチノミコト・テナヅチノミコト 093
オオクニヌシノカミ 094
ヤソガミ 096
キサガイヒメ・ウムギヒメ 097
オオヤビコノカミ 097
スセリビメノミコト 098
キノマタノカミ 099
スクナビコナノカミ 100
クエビコ 102
オオモノヌシノカミ 103
カムオオイチヒメ 104
オオトシノカミ 104
ウカノミタマノカミ 105
オキツヒコノカミ・オキツヒメノカミ 106
オオヤマクイノカミ 106
アメノワカヒコ 107
コトシロヌシノカミ 108
タケミナカタノカミ 109
アヂスキタカヒコネノカミ 110
シタテルヒメノミコト 110
アメノサグメ 110

第5章　日向神話

相関図 112
物語紹介 114
ホノニニギノミコト 116
サルタビコノカミ 118
ヨロズハタトヨアキツシヒメノミコト 119
アメノイワトワケノカミ 119
イワナガヒメ 119
コノハナノサクヤビメ 120
ホデリノミコト 122
ホスセリノミコト 123
ホオリノミコト 124
トヨタマビメノミコト 126
シオツチノカミ 127
ウガヤフキアエズノミコト 128
タマヨリビメノミコト 129
イツセノミコト 129

イナヒノミコト 129
ミケヌノミコト 129

第6章　人代

相関図 132
物語紹介 134
カムヤマトイワレビコノミコト 136
ニギハヤヒノミコト 138
アメノカグヤマノミコト 139
フツノミタマ 139
ヤマトタケルノミコト 140
オトタチバナヒメノミコト 142
オキナガタラシヒメノミコト 142
ヤマトトモモソビメノミコト 143
オオキビツヒコノミコト 143
アメノヒボコ 144
タケシウチノスクネ 144
アツタノオオカミ 144
ククリヒメノカミ 144
フツヌシノカミ 145
カモワケイカヅチノミコト 145
ノミノスクネ 145
ワカヒルメノミコト 145
アメノホアカリノミコト 146
ウケモチノカミ 146
アメノミカゲノミコト 147
オオヤツヒメノミコト 147
ホムタワケノミコト 148
イザサワケノミコト 148
ソトオシヒメ 149
オオミヤノメノカミ 149
ヤノハハキノカミ 149

第7章　日本神話 資料館

『古事記』の世界 152
『古事記』に関わる人々 154
『古事記』に記された品 156
参考文献 157
五十音索引 158

COLUMN① 神社ごとに異なる「紋」と「門」 064
COLUMN② 神の使いたる動物たち 130
COLUMN③ 神様と仏様の関係 150

日本神話の原典

【『古事記』と『日本書紀』】

伝えられてきた神々の物語などを もとに編纂された歴史書

「古いできごとを言葉で記した書」である『古事記』は、天皇家の祖先神から第33代推古天皇までの系譜と、そこに記された神や天皇の時代のできごとを、おもに物語として、ときに歌をも交えつつ記したものだ。

奈良時代の官人である太安万侶が著した『古事記』の序文には、天武天皇が舎人の稗田阿礼に語らせて伝えようとしたが、天武天皇の崩御後、元明天皇が太安万侶に記して書とするように命じ、712年に完成したとある。ただし、当時の『古事記』原本は残っておらず、現存するものは14世紀に書き写されたものだ。

『古事記』完成からの8年後には、国家事業として歴史書『日本書紀』の編纂が完了している。今ではこのふたつを合わせて『記紀』と呼ぶ。

『古事記』は上巻、中巻、下巻の3巻で構成されいる。日本の神様を紹介する本書では、神様の神名やエピソードは、神々の時代について書かれた『古事記』の上巻をベースにしている。伝承された神話のため、いろいろな部分で食い違いが生じることもあるので、留意してほしい。

序章―日本神話の基礎知識 The basics of Japanese mythology

●両文献の比較

	古事記	日本書紀
完成	和銅5年（712年）	養老4年（720年）
編集	太安万侶	舎人親王など
巻数	全3巻	全30巻
	漢式和文・変体漢文	漢文
	物語形式	編年体

●『古事記』の構成

	時代	内容
上巻	世界の始原から初代天皇誕生まで	天地の始まりや神々の物語
中巻	初代神武天皇から第15代応神天皇まで	国家の形が整うまでの物語
下巻	第16代仁徳天皇から第33代推古天皇まで	古墳時代のころの天皇の物語

日本神話の物語

【神々の誕生と日本の完成】

神々と国が生まれ三貴子が誕生する

　物語の流れを知っておけば、神様の解説も理解しやすくなるので、最初に『古事記』をベースに神話のあらすじを紹介しよう。物語は、高天原に次々と神様が現れるところから始まる。世界の神話には、天地が完成する様子を描いたものも多いが、『古事記』にはそうした描写は見られない。

　最初に現れた神々には性別がなく、徐々に性別がわかれはじめる。やがてイザナキ・イザナミという男神と女神が現れ、この２柱が結婚して、日本の国土である大八島や自然に宿る神々を生み出していく。

　ただ、イザナミは火の神を出産したときに火傷を負い、それが原因で地上から去ってしまう。イザナキはイザナミを連れ戻しに黄泉国に赴き再会を果たすが、イザナミの願いを守れなかったイザナキは、妻を連れ戻せなかった。このあともイザナキは単身で神々を生み出しており、そのとき誕生したのが、のちの物語で主役となる三貴子だ。

●神々と三貴子の誕生

別天津神
- アメノミナカヌシノカミ ── P.018
- タカミムスヒノカミ ── P.020
- カムムスヒノカミ ── P.022
- ウマシアシカビヒコヂノカミ ── P.024
- アメノトコタチノカミ ── P.025

神世七代
- クニノトコタチノカミ ── P.025
- トヨクモノノカミ
- ウヒヂニノカミ・スヒヂニノカミ ── P.026
- ツヌグイノカミ・イクグイノカミ ── P.026
- オオトノヂノカミ・オオトノベノカミ ── P.027
- オモダルノカミ・アヤカシコネノカミ ── P.027
- イザナキノミコト・イザナミノミコト ── P.028
  └ P.030

三貴子
- アマテラスオオミカミ ── P.054
- タケハヤスサノオノミコト ── P.056
- ツクヨミノミコト ── P.058

【有名な逸話が多い神話後半】

国土生成ののち主権は
国津神から天津神へ

イザナキとイザナミによる「国生み」「神生み」のあと、主人公になるのは、三貴子の1柱であるスサノオだ。スサノオの物語には、姉であるアマテラスの「岩戸隠れ」や「ヤマタノオロチ退治」など、有名なエピソードが多い。詳しくは知らなくても、聞いたことはあるというひともいるだろう。

続けて主人公となるのは、スサノオの子孫にあたるオオクニヌシ。日本神話でもとくに有名なエピソード「因幡の白兎」からはじまり、ヤソガミら兄弟との争いを制して出雲国を作っていく「国作り」が描かれる。しかし、天津神が出雲国の支配権を譲るように求めたことで争いが勃発。「国譲り」と呼ばれるこの物語は、オオクニヌシが天津神に国を譲ったことで終わりを迎える。

オオクニヌシから国を譲られた天津神の主神アマテラスは、自身の孫であるホノニニギを地上へと天降らせる。高千穂に宮を築いたホノニニギは、コノハナサクヤビメと結婚して3柱の子をもうけ、物語は「海幸彦と山幸彦」へとつながる。そのなかで、のちに神武天皇となるイワレビコが誕生。ここで『古事記』の上巻は終わり、中巻に入る。

序章 ― 日本神話の基礎知識　The basics of Japanese mythology

オオクニヌシノカミ
（P.094）

ホノニニギノミコト
（P.116）

008

【神々から人間の時代へ】

神武天皇以降は
ひとの時代が描かれる

　中巻は、建国の物語から始まる。神々の作った葦原中国を治める場所を相談したイツセとイワレビコの兄弟は、軍勢を率いて東へ向かうのだ。

　その道中でいくつかの場所に立ち寄りつつ、浪速国に到着すると、そこで待ち構えていたナガスネヒコの軍勢と戦いになり、イツセは命を落としてしまう。イワレビコは兄が死ぬ間際に残した助言に従い、南から攻めるルートを選択。途中でアマテラスやタカミムスヒの手を借りながら抵抗する勢力を平定していく。そして再戦したナガスネヒコをも倒し、畝傍の白檮原宮で即位した。これが現在「神武天皇」と呼ばれる初代天皇だ。

　このあとの物語は、天皇の事績について語られていく。ただ、第2代綏靖天皇から第9代開化天皇までの8代は、系譜が残るのみで具体的なエピソードは伝わっておらず、謎が多い。第10代崇神天皇以降は、それぞれの時代に起きたことが記録されている。ホムチワケやヤマトタケル、神功皇后のエピソードなどが有名だろう。なお、中巻は第15代応神天皇で終わり、下巻は第16代仁徳天皇から第33代推古天皇までが記されている。

カムヤマトイワレ
ビコノミコト
（P.136）

ヤマトタケルノミコト
（P.140）

日本神話の世界観

【『古事記』に描かれた神話の世界】

古代人の想像力 日本神話の世界

『古事記』の舞台は日本だが、当時のひとたちは現在と異なる世界観をもっていたため、そのへんについても解説していこう。

まず天には神々が暮らす「高天原」がある。そこに住む神々を「天津神」と呼ぶ。それに対して、地上は「葦原中国」といい、そこには「国津神」という神々がおり、人間も住んでいた。また、「黄泉国」と呼ばれる死者が向かう国も存在する。高天原から出雲に降ったスサノオが最後に暮らしていた「根の堅州国（根の国）」も黄泉国と同じだろう。どちらも「黄泉比良坂」という道を通ることでたどり着くからだ。

出雲は現在の島根県松江市から出雲市一帯のことで、オオクニヌシの物語の舞台となる。そのため、この物語は「出雲神話」とも呼ばれている。出雲と並んで舞台となるのは日向で、日向の高千穂峰に天神御子が降り、三代にわたって物語を繰り広げる。高千穂峰の場所については、宮崎県の高千穂町の山であるとか、鹿児島県の霧島連峰であるとか、諸説あるが、神々の時代のことなので、具体的な所在を特定するよりロマンを求めたい。

また、海の彼方には「常世国」があると考えられていた。この場所については、具体的な描写がないため、どのような場所かはわからない。

序章 ― 日本神話の基礎知識 The basics of Japanese mythology

高天原(たかあまのはら)

「天津神(あまつかみ)」と呼ばれる神々が暮らしている天上の世界。『古事記』の冒頭で神々が現れた場所であり、のちにイザナキに命じられ、アマテラスが治めることになった。想像上の場所ではなく、地上に実在するという人もいる。

葦原中国(あしはらのなかつくに)

人間が暮らしている地上の世界、すなわち日本のこと。日本神話においては、人間だけでなく神様も住んでおり、彼らは「国津神(くにつかみ)」と呼ばれる。

黄泉国(よみのくに)

葦原中国の地下にあるとされる死者の国で、黄泉比良坂を通ることで地上から行けるという。ただ、イザナミに会いに行ったイザナキが地上に帰ってくる際、出入り口を塞いでしまった。ヨモツオオカミとなったイザナミなど、ここにも神が住んでいる。

常世国(とこよのくに)

沖縄には「ニライカナイ」という神霊の住む世界があるという。神はそこから我々の国を訪れ、祀られて戻っていく。常世国もニライカナイのような神霊の住む国だと考えられている。

根の堅州国(ねのかたすのくに)

スサノオが暮らす。黄泉比良坂を通じて地上とつながっていることから黄泉国と同一視される。ただ、スサノオたちが暮らす土地は、死者の国とは異なり、明るく穏やかな場所として描かれている。

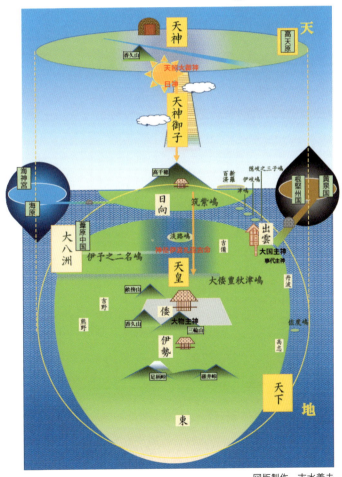

図版製作　志水義夫

〖神様図鑑ページの見方〗

アメノミナカ①シノカミ
天之御中主神

属性：世界　②　**ご利益**：安産／招福／開運など
神社：水天宮（福岡県久留米市・東京都中央区ほか全国各地）など

天地の始まりのとき、最初に高天原に現れた神。「アメ（天）」は宇宙、「ミナカ（御中）」は中心、「ヌシ（主）」は司るものを表し、神名には「宇宙の中心に座す主神」という意味がある。性別がない、もしくはわからない「独神」で、現れてすぐに身を隠してしまうため『古事記』の物語で活躍することはないが、宮中の神事を司っていた中臣氏の祖先神とされる。

造化三神・別天津神の一柱

アメノミナカヌシは、続いて現れたタカミムスヒ、カムムスヒとともに「造化三神」と呼ばれる特別に尊い存在。さらに、ウマシアシカビヒコヂ、アメノトコタチを合わせた5柱の神々は「別天津神」とも呼ばれている。

妙見菩薩と神仏習合

飛鳥時代以降、仏教と神道が融合した「神仏習合」が起こると、アメノミナカヌシは北極星や北斗七星を神格化した妙見菩薩と習合し、「妙見さん」と呼ばれ親しまれた。

経典に描かれた妙見菩薩。龍頭や亀蛇を見る。

③

造化三神	別天津神
タカミムスヒノカミ	カムムスヒノカミ
アメノトコタチノカミ	ウマシアシカビヒコヂノカミ

④

この世界に現れた最初の神様

最初に現れたアメノミナカヌシは何もないところから現れた（成った）神で、最初から存在したとされる西洋の神とは異なる。

Illustration : NAKAGAWA

能力データ

序章　日本神話の基礎知識
The basics of Japanese mythology

---

❶ 名前とアイコン

『古事記』や『日本書紀』での名称と、神様の性質を表したアイコン。アイコンは天地創造、自然、生活、交通、農業、武芸、工業、文芸、商業、預言者・巫女、その他の11種類。

❷ 神様の属性、ご利益、神社

「属性」は神様の本質、「ご利益」は神様の力で得られる利福、「神社」は祀られている神社のこと。これらは時代ごとに変わり、また諸説あるので必ずしもこの通りではない。

❸ 解説

神様の事績や経歴、その神様にまつわるエピソードを紹介。基本的には『古事記』に記された情報をもとにしているが、『風土記』や『日本書紀』なども参考にしている。

❹ イラストとパラメータ

パラメータの「登場」は神話の登場数、「名高さ」は知名度や関連する神社の数、「霊力」は神様の影響力や力の強さなど、「慈愛」は慈悲深さなどを5段階で表してみた。

第1章
天地の初め
The creation of Japan

第1章 天地の初め
相関図

造化三神　　　　　　　　　　　　　　　　　　　　　　**別天津神**

アメノミナカヌシノカミ
（P.018）

タカミムスヒノカミ
（P.020）

カムムスヒノカミ
（P.022）

最初に高天原にアメノミナカヌシが現れ、続けてタカミムスヒ、カムムスヒが出現。彼らは万物を生み出し育てる根源的な力をもつ特別な存在で、「造化三神」と呼ばれる。その後、万物の生命力を象徴するアシカビヒコヂ、天の安定を象徴するアメノトコタチが誕生。この5柱は「別天津神」と呼ばれる。

ウマシアシカビヒコヂノカミ（P.024）

アメノトコタチノカミ
（P.025）

第1章　天地の初め　*The creation of Japan*

国を作るように命じる

014

日本の神話は、中国の創世神話をもとにしており、卵のようなものが上下にわかれて天と地になる「天地開闢」の物語からスタートする。

その後は日本独自の展開で、造化三神や神世七代と呼ばれる神々が誕生、世界が形成されていく様子が描かれる。

神世七代

1

クニノトコタチノカミ
（P.025）

2
トヨクモノノカミ

最初と二番目に生まれたクニノトコタチとトヨクモノは、記述が少ないため、性別のない独神ということ以外は謎に包まれている。

別天津神が姿を隠すと、クニノトコタチとトヨクモノが現れるが、彼らもすぐに姿を隠してしまう。その後、5組の男女一対の神様が現れる。彼らをまとめて「神世七代」と呼ぶ。また、最後に誕生したイザナキ・イザナミは、天津神から国を作るように命じられた。

3

ウヒヂニノカミ・
スヒヂニノカミ （P.026）

4

ツヌグイノカミ・
イクグイノカミ （P.026）

5

オオトノヂノカミ・
オオトノベノカミ （P.027）

6

オモダルノカミ・
アヤカシコネノカミ （P.027）

7

イザナキノミコト （P.028）

イザナミノミコト （P.030）

015

第1章　天地の初め
物語

【 世界の始まりと神々の誕生 】

なにもない世界に
突如神々が誕生する

『古事記』によると、すべての始まりのとき、高天原に造化三神が誕生。続けてアシカビヒコヂとアメノトコタチが生まれ出た。この5柱は別天津神と呼ばれ、特別視されるが、これより先の物語に登場するのは、タカミムスヒと

カムムスヒのみだ。

別天津神が誕生して間もなく、クニノトコタチとトヨクモノが生まれた。彼らはいずれも性別の概念をもたない独神だが、ここからは男女一対の夫婦神が次々と誕生。最後にイザナキとイザナミが生まれ、その後は夫婦となったこの2柱を中心に日本の国土誕生を描いた物語「国生み」が展開される。

【 夫婦神による国生み 】

大八島をはじめとする
いくつもの島を生む

天津神から国を生むように命じられ、天沼矛を授かったイザナキとイザナミは、天の浮橋の上に立ち、それを下のどろどろした広がりに差し込んでかき混ぜた。すると天沼矛から滴り落ちた塩が積み重なり、最初の島「淤能碁呂島」が誕生した。

2柱は淤能碁呂島に降り立ち、お互いの姿

が人型であることを確認すると、結婚して子を生むことを約束。天之御柱と八尋殿という御殿を建てたあと、イザナミが天之御柱を左から周って「なんていい男なのでしょう」、イザナキが右から周って「なんていい女なんだ」といい、イザナキの体の余ったところをイザナミの足りないところに差し入れて塞いだ。すると水蛭子が生まれるが、この子は体が不充分だったため、葦の船に乗せて流してしまう。次に生まれた淡島も同様で、子供とは認められな

かった。正しく子を生めなかった2柱は、高天原に戻って天津神に意見を求める。そこで占いをすると「男性から誘う形でやり直しなさい」という神託を得られた。

イザナキとイザナミは淤能碁呂島に戻り、同じように柱を周るが、今度はイザナキから声をかけて結婚。その結果、大小さまざまな島が生まれ、日本の国土となる大八島になった。このあと2柱は、吉備児島（児島半島）や小豆島（小豆島）、大島（周防大島）など、6つの島を生み、今の日本が完成したのである。

国生みを終えたイザナキとイザナミは、続けて神々を生むことになる。それが次の「神生み」の物語だ。

● イザナキ・イザナミが生んだ島々

夫婦神の子に数えられない島（神）	水蛭子神　淡島
大八島	淡道之穂之狭別島　伊予之二名島　隠伎之三子島　筑紫島　伊伎島　津島　佐度島　大倭豊秋津島
その他の島	吉備児島　小豆島　大島　女島　知訶島　両児島

● 日本の国土「大八島」

アメノミナカヌシノカミ
天之御中主神

天地創造

属性：世界の中心　**ご利益**：安産／招福／開運など
神社：水天宮（福岡県久留米市・東京都中央区ほか全国各地）など

天地の始まりのとき、最初に高天原に現れた神。「アメ（天）」は宇宙、「ミナカ（御中）」は中心、「ヌシ（主）」は司るものを表し、神名には「宇宙の中心に座す主君」という意味がある。性別がない、もしくはわからない「独神」で、現れてすぐに身を隠してしまうため『古事記』の物語で活躍することはないが、宮中の神事を司っていた中臣氏の祖先神とされる。

🌀 造化三神・別天津神の1柱

アメノミナカヌシは、続いて現れるタカミムスヒ、カムムスヒとともに「造化三神」と呼ばれる特別に尊い存在。さらに、ウマシアシカビヒコヂ、アメノトコタチを合わせた5柱の神々は「別天津神」とも呼ばれている。

造化三神
タカミムスヒノカミ　カムムスヒノカミ

別天津神
アメノトコタチノカミ　ウマシアシカビヒコヂノカミ

🌀 妙見菩薩と神仏習合

奈良時代以降、仏教と神道が融合した「神仏習合」が起こると、アメノミナカヌシは北極星、北斗七星を神格化した妙見菩薩と習合。「妙見さん」と呼ばれ親しまれた。

経典に描かれた妙見菩薩。善悪や真理を見通すという。

第1章　天地の初め　*The creation of Japan*

この世界に現れた
最初の神様

最初に現れたアメノミナカヌシは何もないところから現れた（成った）神で、最初から存在したとされる西洋の神とは異なる。

018

illustration : NAKAGAWA

登場 2
名高さ 4
慈愛 3
霊力 5

能力（のうりょく）データ

019

タカミムスヒノカミ
高御産巣日神

属性：生成力　**ご利益**：五穀豊穣／心願成就／開運招福 など
神社：羽束師坐高御産日神社（京都府京都市伏見区）など

アメノミナカヌシの次に高天原に現れた神。「タカ」は遥かな高み、敬称の「ミ」に続く「ムス」は産み出す、「ヒ」は神霊を表し、神名には「高天原に坐す、産み出す力の神霊」という意味がある。アメノミナカヌシ、続いて現れたカムムスヒとともに「造化三神」と呼ばれる特別な存在。タカギノカミ（高木神）とも呼ばれる。

宮中祭祀における主祭神

タカミムスヒは、同じく生成や生産の神であるカムムスヒとともに農耕を守護するとされ、豊作を祈願する「祈年祭」や収穫を感謝する「新嘗祭」など、宮中における皇室行事で祀られた。

皇祖神ともいえる格式高い神

初代天皇・神武天皇の曽祖父となるホノニニギの母方の祖父として、皇室の祖先神アマテラスに並ぶ地位にある。そのため『古事記』では、高木神の名でアマテラスと共に、子孫のホノニニギに葦原中国に降臨を命じる。

『日本書紀』にもたびたび登場する

『日本書紀』でも葦原中国の平定や神武天皇の東征に関わる話などに登場している。

第1章　天地の初め　*The creation of Japan*

アマテラスオオミカミ　アメノオシホミミノミコト　ホノニニギノミコト　カムヤマトイワレビコノミコト
タカミムスヒノカミ　ヨロズハタトヨアキツシヒメノミコト

カムムスヒノカミ
神産巣日神

天地創造

属性：生成力　**ご利益**：豊作／縁結び／厄除けなど
神社：御祖神社（福岡県北九州市）／東京大神宮（東京都千代田区）など

第1章｜天地の初め　The creation of Japan

　天地の始まりの際、アメノミナカヌシ、タカミムスヒに続き3番目に高天原に現れた神。先の2柱の神とともに「造化三神」と呼ばれる、性別がない、もしくはわからない「独神」である。神名には「おごそかな、もの（生命）を産み出す神霊」という意味があり、タカミムスヒと同じく生成を司るが、天津神の御子（皇孫・天皇）と関わりが深いタカミムスヒに対し、カムムスヒは国津神（地上に現れた神々）との関わりが多く、地方の豪族たちに祖先神とされた。

オオクニヌシノカミや出雲との関わり

　カムムスヒは国津神のオオクニヌシと関わりがあり、ヤソガミに殺されたオオクニヌシを蘇生させ、のちの国作りでは自身の子、スクナビコナにその手伝いを命じた。また『出雲国風土記』では神魂命と表記され、国譲りを承諾したオオクニヌシの求めに応じて出雲の神々に御殿（出雲大社）の造営を指示。この際に遣わした子が、楯縫郡の地名由来となってもいる。

出雲大社には、カムムスヒも客神として祀られている。

食物神から穀物などを回収したカムムスヒノカミ

　カムムスヒは穀物の起源にも関わっている。『古事記』によると、口、鼻、尻から食物を生み出してもてなしたオオゲツヒメはスサノオに殺されてしまうが、遺体から蚕や五穀が生じ、カムムスヒがこれを回収して五穀の種となったという。

別称から女神という説も

　カムムスヒはカムムスヒミオヤノミコト（神産巣日御祖命）とも称される。通例、ミオヤ（御祖）は母神の呼称なので、女神とされていたという説もある。

illustration：中山けーしょー

能力データ
登場 4
名高さ 4
霊力 5
慈愛 4

023

ウマシアシカビヒコヂノカミ
宇摩志阿斯訶備比古遅神

属性：生命力・活力　**ご利益**：五穀豊穣／病気平癒など
神社：浮嶋神社（愛知県東温市）など

造化三神が現れたのち、地上がまだ混沌としていた頃に現れた神。造化三神、続いて現れるアメノトコタチを合わせ「別天津神」と呼ばれる。泥から伸びた葦の芽に象徴される生命力を神格化した存在で、すぐに身を隠したため具体的なエピソードはないが、活力を司る神として信仰された。

生命力を神格化した神

神名にある「ウマシ」は立派な、「アシカビ」は葦の芽を表す言葉で、これをもとに葦の芽そのもの、もしくはこれに象徴される生命力を神格化した神と考えられている。

男性的な名前だが性別はない

神名にある「ヒコ」は男性、「ヂ」は祖父や伯父を指すが、性別がない「独神」である。

illustration：中山けーしょー

能力データ
登場 4／名高さ 4／霊力 5／慈愛 4

第1章　天地の初め　The creation of Japan

アメノトコタチノカミ
天之常立神

天地創造

属性：天を支える力　**ご利益**：産業開発／必勝祈願など
神社：駒形神社（岩手県奥州市）など

造化三神、ウマシアシカビヒコヂに続いて高天原に現れた神で、これら5柱の神々は「別天津神」と呼ばれる。具体的なエピソードはないが、神名から高天原を安定させた力を象徴した神と考えられている。

その役割には諸説あり

ウマシアシカビヒコヂや次に現れるクニノトコタチとの、バランスをとるために創造されたとする説もある。

能力データ
- 登場 2
- 名高さ 4
- 霊力 5
- 慈愛 3

illustration：日田慶治

クニノトコタチノカミ
国之常立神

天地創造

属性：国土形成の根源神・守護　**ご利益**：国土安寧／立身出世など
神社：城南宮（京都府京都市伏見区）など

別天津神に続いて現れた神。以後に現れる12柱7代の神々は「神世七代」と呼ばれ、その初代にあたる。「常」は安定、「立」はその状態になる様子を表すため、国土を安定させた力の象徴と考えられている。

『日本書紀』では最初の神とされる

『古事記』と『日本書紀』では天地の始まりについて記述に違いがあり、『日本書紀』ではクニノトコタチが最初に現れたとされる。

能力データ
- 登場 2
- 名高さ 5
- 霊力 5
- 慈愛 2

illustration：藤川純一

025

ウヒヂニノカミ・スヒヂニノカミ

宇比邇神・須比智邇神

属性：土砂の神格化　**ご利益**：五穀豊穣／開運招福 など
神社：宮浦宮（鹿児島県霧島市）など

神世七代の3代目にあたる2柱の神で、男神のウヒヂニと女神のスヒヂニが対になっている。神名の「ウ」「ス」「ヒヂ」は泥や砂、土などを表す言葉であることから、形になってきた大地を象徴した神と考えられている。

性別をもつ最初の神

ウヒヂニ、スヒヂニは初めて性別を有した神で、性別の区別が生まれ、夫婦になる過程を表したものとも解釈されている。

能力データ
登場 2／名高さ 3／霊力 5／慈愛 3

illustration：池田正輝

第1章 ― 天地の初め　The creation of Japan

ツヌグイノカミ・イクグイノカミ

角杙神・活杙神

属性：生命誕生の象徴／生命の神格化　**ご利益**：五穀豊穣／殖産興業 など
神社：宮浦宮（鹿児島県霧島市）など

男神のツヌグイと女神のイクグイが対となった神世七代の4代目にあたる神々。神名の「ツヌ」は芽、「イク」は活力、「グイ」は兆しを表すという説がある。

能力データ
登場 2／名高さ 3／霊力 5／慈愛 3

生命の誕生を象徴する神

先に触れた説では、2柱の神名は大地からの発芽を表したものとされ、生命誕生を象徴する神と考えられている。

illustration：池田正輝

026

オオトノヂノカミ・オオトノベノカミ
意富斗能地神・大斗乃弁神

属性：凝固した大地の神格化　**ご利益**：国土安泰／五穀豊穣 など
神社：波須波神社（島根県出雲市）など

男神のオオトノヂと女神のオオトノベが対となった、神世七代の5代目にあたる2柱の神。完全に固まった大地を神格化した存在と考えられている。また、オオトノヂの「ヂ（地）」は男性、オオトノベの「ベ（弁）」は女性を表していると考えられることから、明確になった男女の性別を表しているとする説もある。

能力データ
- 登場 2
- 名高さ 3
- 霊力 5
- 慈愛 3

illustration：日田慶治

オモダルノカミ・アヤカシコネノカミ
淤母陀琉神・阿夜訶志古泥神

属性：大地完成の象徴／人体完成の象徴　**ご利益**：五穀豊穣 など
神社：第六天榊神社（東京都台東区）など

能力データ
- 登場 2
- 名高さ 3
- 霊力 5
- 慈愛 3

神世七代の6代目にあたる2柱の神。女神「アヤカシコネ」の神名は、男神の神名「オモダル」を称える言葉と解釈されている。その一方、「オモダル」（満ち足りた顔面の意）については、満ち足りていく国土を意味するという説や、身体の完成を表していると捉えて人体完成の神格化とする説をはじめ、諸説がある。

illustration：日田慶治

能力データ

- 登場 5
- 名高さ 5
- 霊力 5
- 慈愛 4

第1章 ― 天地の初め　*The creation of Japan*

日本で初めて結婚をした神

それまでにも対になった男神と女神は存在するが、イザナキとイザナミは結婚によって結ばれ国土や数多くの神々を生んだという点で異なっている。

illustration：日田慶治

イザナキノミコト

伊邪那岐命

天地創造

属性：国土創世の神／生命の祖神　ご利益：国家鎮護／延命長寿　など
神社：伊弉諾神宮（兵庫県淡路市）／多賀大社（滋賀県犬上郡）など

神世七代の最後に現れた男神。「イザナ」は誘う、「キ」は男性を表し、神名は女神イザナミと結婚して日本の国土や数多くの神々を生んだ「国生み・神生み」に関わるものと考えられている。一方、類似した海洋民族の神話があることから、「イザ」を磯、「ナギ」を凪（無風の海上）と捉える説もある。また子どもの神に命令する男性的性格から、地母神（イザナミ）に対する天父神という見方もある。

🌀 国生みに使った天沼矛

別天津神に命じられたイザナキは、授かった天沼矛で混沌としていた大地をかき回し、最初の島である淤能碁呂島を生んだ。その後、天沼矛はホノニニギに伝わり、高千穂峰に突き立てられたともいわれている。

🌀 夫婦で多くの神を生む

イザナミとの結婚により、山や海、草や木、風や野、岩などの多くの神々が生まれた。しかし、ヒノカグツチを生んだ際の火傷によりイザナミは黄泉国へ去ってしまう。

イザナキノミコト

イザナミノミコト

子供たち
- オオヤマツミノカミ
- オオワダツミノカミ
- ヒノカグツチノカミ

🌀 イザナキノミコトから生まれた神々

イザナキは訪れた黄泉国でイザナミと別れ、地上へ戻り川で穢れを祓った。すると自身の身体からアマテラス、ツクヨミ、スサノオら三貴子が新たに生まれ、脱いだ衣服などからも多くの神々が誕生した。

アマテラスオオミカミ

タケハヤスサノオノミコト

ツクヨミノミコト

イザナミノミコト

伊邪那美命

天地創造

属性：万物生成の女神／大地の母神　**ご利益**：延命長寿／縁結びなど
神社：伊射奈美神社（徳島県美馬市）など

神世七代の最後に現れた女神で、神名の「イザナ」は誘う、「ミ」は女性を表す。男神イザナキが天沼矛で淤能碁呂島を生んだのち、この島に降り立ってイザナキと結婚。四国をはじめ、隠岐島、九州、本州など日本の国土を生んだのち、続いて数多くの神々を生み、これらは「国生み・神生み」として『古事記』に記されている。しかし、イザナミは火の神ヒノカグツチを生んだ際の火傷がもとで、黄泉国へ去ってしまう。その後、イザナミが迎えに現れるも離縁する結果になり、黄泉国に留まることになった。

黄泉国の主宰神でもある女神

黄泉国の食物を口にしていたイザナミは、イザナキと地上へ帰ろうとしたが、「姿を見ないように」という約束を破ったイザナキが変貌したイザナミを恐れて地上へ逃走。最終的にイザナミはイザナキと離縁することになり、以後は黄泉国を主宰するヨモツオオカミ（黄泉津大神）となった。

人間に死の概念をもたらした女神

イザナミは逃走するイザナキを追ったが、黄泉比良坂を大岩で塞がれて断念。そこで「人を一日に千人殺す」と宣言し、これが人間の死の起源といわれる。

夫婦で多くの神を生む

イザナキと結婚したイザナミは、人間の生活や自然に関わる数多くの神々を生んだ。その後、ヒノカグツチを生んだ際に火傷を負うが、床に臥せている間にも吐瀉物などから鉱石や粘土に関わる神々が生まれており、地母神的性格があると考えられている。また、ヒノカグツチはイザナミが黄泉国へ去ったのちイザナキに斬られてしまうが、その血や身体からも多くの神々が生まれている。

吐瀉物	カナヤマビコノカミ・カナヤマビメノカミ（P.046）
大便	ハニヤスビコノカミ・ハニヤスビメノカミ（P.046）
小便	ミツハノメノカミ（P.047） ワクムスヒノカミ（P.047）

各地に伝わるイザナミノミコトの墓所

『古事記』や『日本書紀』にはイザナミの埋葬地が記されており、広島県庄原市や島根県安来市の比婆山、三重県熊野市有馬などが、その候補と考えられている。

illustration：双羽純

031

ヒルコノカミ
水蛭子神

属性：不具者　ご利益：豊漁／海上安全／商売繁盛など
神社：西宮神社（兵庫県西宮市）など

イザナキとイザナミのあいだに最初に誕生した神。女神のイザナミから誘った交わりにより、手足が未発達なぶよぶよした身体で生まれたため、葦の船に乗せられて流され、二神の子としては数えられていない。

illustration：七片藍

福の神と同一視される

ヒルコのその後について『古事記』に記述はない。しかし、各地にヒルコが流れ着いたという伝承があり、漂着物を神様と捉えるエビス信仰と結びついて福の神として信仰された。

能力データ
- 登場 2
- 名高さ 5
- 霊力 4
- 慈愛 3

イクシマノカミ・タルシマノカミ
生島神・足島神

属性：国土の神／島の神　ご利益：国土安穏／厄除けなど
神社：生國魂神社（大阪府大阪市）など

記紀には記されていないが、イザナキとイザナミが「国生み」で生んだ、大八島（日本列島）に宿ったとされる2柱の神。神名には生成や繁栄の意味があり、日本列島が発展、繁栄する力を象徴する。

祭事の主祭神でもある

イクシマとタルシマは国土の神格化であることから、天皇の即位後に執り行われる八十嶋祭で主祭神とされていた。

能力データ
- 登場 2
- 名高さ 5
- 霊力 4
- 慈愛 3

illustration：中山けーしょー

第1章 ── 天地の初め　The creation of Japan

第２章 八百万の神々の誕生
相関図

妻のイザナミを失い、嘆き悲しむイザナキの涙から誕生した女神。『古事記』が記されてから約1300年ものあいだ同じ場所に祀られている。

ナキサワメノカミ
（P.050）

← 誕生

イザナキノミコト
（P.028）

← 結婚ののちに離別

禊で生まれた神

黄泉国に足を踏み入れたイザナキは、その身についた穢れを祓うために禊を行った。このとき、身に着けていた衣服や装飾品、穢れを祓った体の部位から誕生したのが下の神々だ。

●衣服・装飾品などから誕生
ツキタツフナトノカミ（P.060）
チマタノカミ（P.061）

●清めた体から誕生
アマテラスオオミカミ（P.054）
タケハヤスサノオノミコト（P.056）
ツクヨミノミコト（P.058）
ワタツミサンシン（P.061）
ヤソマガツヒノカミ・オオマガツヒノカミ（P.062）
カムナオビノカミ・オオナオビノカミ（P.062）
スミヨシサンシン（P.063）

殺害 →

ヒノカグツチノカミから生まれた神

イザナキがカグツチを斬り殺したとき、その剣についた血やカグツチの死体から、下の神々が誕生した。そのなかには、高天原きっての実力者であるタケミカヅチも含まれている。

イワサクノカミ・ネサクノカミ・イワツツノオノカミ（P.050）
ミカハヤヒノカミ・ヒハヤヒノカミ（P.051）
クラオカミノカミ・クラミツハノカミ（P.051）
タケミカヅチノオノカミ（P.052）

第２章 八百万の神々の誕生 *The birth of the eight million gods*

日本の国土となる島々を生んだイザナキとイザナミは、続けて住人となる神様を生み始める。このとき生まれた神は17柱。その神たちがさらに子を生むことで、今に通ずる八百万の神という概念が形成された。ただ、残念なことにこの夫婦神は神生みの途中で袂を分かつこととなる。そして物語の主人公は、次の世代に移り変わっていく。

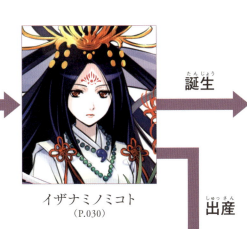

イザナミノミコト
（P.030）

誕生 →

出産 ↓

イザナミノミコトから生まれた神

イザナミはカグツチを生んだことで火傷を負う。床に伏せったイザナミの吐瀉物や糞尿からは、何柱かの神が誕生した。ただ、これが最後の神生みで、彼女はこのあと黄泉国へ去って行ってしまった。

カナヤマビコノカミ・カナヤマビメノカミ (P.046)
ハニヤスビコノカミ・ハニヤスビメノカミ (P.046)
ミツハノメノカミ (P.047)
ワクムスヒノカミ (P.047)

イザナキノミコト・イザナミノミコトの子供

誕生

ヒノカグツチノカミ
（P.044）

国生みを終えたイザナキとイザナミは、その住人となる神を次々と生んでいく。本書に掲載していないが、最初に生まれたのは大事忍男神という男神だ。その神名は「大事を終えた男神」という意味で、大仕事である国生みを終えたことを表しているのだろう。

オオワタツミノカミ (P.040)
ハヤアキツヒコ・ハヤアキツヒメ (P.041)
カタクロクシン (P.041)
シナツヒコノカミ (P.041)
オオヤマツミノカミ (P.042)
カヤノヒメノカミ (P.042)
ククノチノカミ (P.043)
トリイワクスフネノカミ (P.043)
オオゲツヒメノカミ (P.043)

第2章 八百万の神々の誕生
物語

【大八島に神々が誕生】

自然を司る神々の誕生

日本の国土となる大八島と小島を生んだイザナキとイザナミは、続けて神々を生み始めた。最初にオオゴトオシオが生まれると、海の神であるオオワタツミ、港・河口の神であるハヤアキツヒコ・ハヤアキツヒメ、山の神であるオオヤマツミ、野の神であるカヤノヒメなど、次々と神が誕生していく。

自然を司る神々の登場は、生まれたばかりで荒れ地だった日本列島に、自然の神が宿ることで山や海、河ができ、緑豊かな大地が創られていったことを象徴している。『古事記』に記された時代から、日本人は自然や自然現象のほか、あらゆる物体に神様が宿っていると考え、八百万の神々として信仰してきたことがわかるだろう。

神々が生まれたことで日本は自然豊かな地に

イザナミはその後も何柱かの神を生み、最後に火の神であるカグツチを生んだ。この神様は「火之夜芸速男神」や「火之炫毘古神」とも呼ばれている。イザナミはカグツチを生んだ際に火傷を負ってしまい、それからほどなくして、黄泉国へ去って行ってしまうのだ。

イザナキとイザナミが夫婦として生んだ神は17柱にのぼり、これまでに30柱以上の神々が大八島に誕生したことになる。その結果、日本の国土には多くの神が宿り、自然豊かな地となったのである。

オオゲツヒメノカミ
（P.043）

そのほかにも、家屋の材料など司るカタクロクシン、船を司るトリノイワクスフネ、食物を司るオオゲツヒメなどが生まれた。

【イザナミノミコトの神避り】

イザナミノミコトが葦原中国から去る

火傷したイザナミは、鉱山の神であるカナヤマビコ・カナヤマビメ、土の神であるハニヤスビコ・ハニヤスヒメなどを排泄して葦原中国から去る。排泄物からこうした神が現れたのは、大地を象徴する地母神的なイザナミの性格も影響しているのだろう。イザナミが去ったあと、イザナキは「子ひとりと引き換えに失ってしまった」と悲しみ、涙を流した。この涙からナキサワメという女神が生まれている。『古事記』には、彼女は天香具山の畝傍にある木の根元に鎮座していると記されているが、1300年以上経過した今も同じ場所に祀られている。

斬られたヒノカグツチノカミ

愛妻を失ったイザナキは、その原因となったカグツチの首を十拳剣で斬ってしまう。このとき使用した剣は、武器であり、アメノオハバリ(イツノオハバリ)という神でもある。さらに、剣についた返り血から何柱かの神様が誕生した。その1柱が、日本神話のさまざまなエピソードに登場するタケミカヅチだ。ただ、この神様はイザナキやイザナミではなく、アメノオハバリの子とされている。また、カグツチの身体からマサカヤマツミノカミやオドヤマツミノカミなど、8柱の山の神が誕生した。

アメノオハバリノカミ(P.049)
名前に「神」とつかない場合は剣として扱われる。「国譲り」では、息子のタケミカヅチを使者に推薦した。

ヒノカグツチノカミ(P.044)
イザナミに火傷を負わせた火の神。防火の神でもあり、今では愛宕神社や秋葉神社などで祀られている。

【妻を追って黄泉国へ】

愛しい妻に会うため黄泉国へ

自分のもとから去ったイザナミに会うために、黄泉国を訪れたイザナキ。彼は黄泉国の御殿の閉ざされた戸に向かって「愛しい我が妻よ、国造りはまだ終わっていない」と、地上に帰ってくるように呼びかける。それを聞いたイザナミは、「私は黄泉戸喫をしてしまったので、もう現世には戻れません」と答えた。黄泉戸喫というのは、黄泉国のかまどで煮たものを食べることで、当時はこれをしてしまうと、黄泉国の住人になってしまうと考えられていた。

続けてイザナミは「私を帰してもらえるように黄泉神と話してくるので、決してなかを覗かず、そこで待っていてください」といった。イザナキはいわれた通り、じっと待っていたが、なかなか妻が出てこないので、ついにしびれを切らし、御殿に入ってしまう。するとそこには、蛆にたかられたおぞましい姿のイザナミがいた。

【夫婦神の永遠の別れ】

変わり果てた妻を恐れ黄泉国から逃走

妻の変わり果てた姿を目にし、恐ろしくなったイザナキは、一目散に逃げ出す。醜い姿を見られ、恥をかかされたイザナミは激怒し、そのあとをヨモツシコメに追いかけさせた。イザナキがこれを撃退すると、今度はヤクサノイカヅチと黄泉の軍勢に追跡させた。

黄泉比良坂のふもとまできたイザナキは、桃の実を3つ取って、追いかけてきた軍勢に投げつけた。すると軍勢が黄泉国に退却したので、この実にオオカムズミノミコトという名

ヨモツオオカミ
黄泉国の食べ物を口にしたイザナミは、地上に戻ることはできず、黄泉の住人である黄泉津大神となった。

を授けた。その後、イザナミ自身が追ってきたので、イザナキは大きな岩で黄泉比良坂の入口を塞ぎ、絶縁を宣言。

するとイザナミが「ではあなたの国の住民を1日に1000人絞め殺しましょう」といい、イザナキは「それなら私は1日に1500人生むことにしよう」と返した。このときから人間に生死の概念が生まれた。これ以降、イザナミはヨモツオオカミとなり、黄泉比良坂を塞いだ大岩はチカエシノオオカミと呼ばれた。

ヤクサノイカヅチノカミ (P.060)

ヤクサノイカヅチは、イザナミの死体にまとわりついていた8柱の神の総称。全員が雷を象徴する雷神だ。

【黄泉の穢れを祓う禊】

禊ぎ祓いを経て三貴子が誕生

黄泉国からなんとか帰ってきたイザナキは、黄泉の穢れを祓うために、筑紫の日向の橘の小門の阿波岐原で、禊ぎ祓いを始めた。ここは、現在の宮崎県宮崎市阿波岐原町と考えられている。この地を流れる大淀川の三角州一帯は、かつて小戸と呼ばれており、イザナキを祀る小戸神社も存在する。

イザナキは最初に身に着けていたものを投げ捨てた。その衣服や装飾品から、チマタノカミやツキタツフナトなど、10柱以上の神様が生まれ出た。続けて、イザナキはその身を川に沈め、穢れを洗い落とそうとする。このとき生まれたのが、ヤソマガツヒ・オオマガツヒやカムナオビ・オオナオビだ。

川から出たイザナキは、最後に顔を洗った。すると左目からアマテラス、右目からツクヨミ、鼻からスサノオが現れ、イザナキは「最後に3柱の貴き子を得ることができた」と喜んだ。これ以降の物語は「三貴子」と呼ばれる彼らと、その子供たちが中心となる。とくにアマテラスとスサノオは登場頻度が高い。

オオワタツミノカミ
大綿津見神

自然

属性：海の神　**ご利益**：海上安全／漁業繁栄
神社：大海神社（大阪府大阪市）

家宅六神に次いで、イザナキとイザナミが生んだ神。神名の「オオ（大）」は偉大な、「ワタ（綿）」は泡立つ海、「ツ（津）」は接続詞の「の」、「ミ（見）」は神霊を表し、「偉大な海の神霊」という意味のその名の通り、海の主宰神と考えられている。

第2章　八百万の神々の誕生　The birth of the eight million gods

海の主宰神として信仰を集める

オオワタツミはウミサチヒコ、ヤマサチヒコの物語に登場するワタツミノオオカミとして海底の宮殿に住んで海の幸や海水を支配していると考えられ、日本各地の沿岸地域を中心に祀られている。

ワタツミの語義は？

「ワタツミ（ワダツミ）」の「ワタ」は「泡立つ」の「わた（だ）」といわれるが、韓国語で海を表す「ハタ（ワタ）」と結びつける説もある。

illustration：ナチコ

能力データ
登場 3
名高さ 5
霊力 5
慈愛 3

ハヤアキツヒコノカミ・ハヤアキツヒメノカミ

速秋津比古神・速秋津比売神

属性：河口の神／港の神　ご利益：水難除け／厄除けなど
神社：隅田川神社（東京都墨田区）／彌刀神社（大阪府大阪市）など

イザナキとイザナミが生んだ男女一対の神。神名の「ハヤ（速）」は流れが速い様子、「アキツ（秋津）」は禊で穢れが清まる様子を表すためお祓いの神様といえる。また、ミナトノカミ（水戸の神）とも呼ばれる。

illustration：池田正輝

河に宿る夫婦神

「水戸」とは河口のことで、古くは河口に船を係留したため、この2柱の神は河口の神であり、港の神でもある。

能力データ
登場 2
名高さ 3
霊力 5
慈愛 4

カタクロクシン

家宅六神

属性：家の守り神　ご利益：家内安全／開運招福／厄除けなど
神社：石鎚神社（愛媛県西条市）など

イザナキとイザナミからまず生まれた6柱の神々。家屋の材料や構造物の象徴で、建築過程を表すと考えられている。

能力データ
登場 2
名高さ 3
霊力 4
慈愛 2

illustration：中山けーしょー

シナツヒコノカミ

志那都比古神

属性：風の神／農業の守護神　ご利益：五穀豊穣など
神社：龍田神社（奈良県三郷町）など

イザナキとイザナミから生まれた風の神。風は神の息と考えられ、古くから暴風の被害が大きい地域で祀られていることが多い。

能力データ
登場 2
名高さ 3
霊力 5
慈愛 4

illustration：月岡ケル

オオヤマツミノカミ
大山津見神

属性：山の神／海の神／酒造の神　**ご利益**：林業守護／航海守護など
神社：大山祇神社（愛媛県今治市）・大山阿夫利神社（神奈川県伊勢原市）など

イザナキとイザナミのあいだに生まれた神で、「偉大な山の神霊」という意味の名をもつ山の神の代表格。のちにイザナキに斬られたヒノカグツチから現れる、8柱のヤマツカミを統べる存在だ。また、古くから瀬戸内海の大三島にある大山祇神社に祀られており、この大三島が海上交通の要衝だったことから、意外にも航海守護の神として全国各地で信仰されている。

能力データ
登場 2／名高さ 5／霊力 5／慈愛 4

illustration：七片藍

カヤノヒメノカミ
鹿屋野比売神

属性：野の神／漬物の神　**ご利益**：漬物の守護
神社：萱津神社（愛知県あま市）

イザナキとイザナミから生まれた植物に命を吹き込む力を象徴する女神。神名の「カヤ」は、屋根の材料や牛の飼料に利用された草の萱を指す。ノヅチ（野槌＝野の精霊）ノカミとも呼ばれ、オオヤマツミとのあいだに4対8柱の神を生んだ。また愛知県あま市の萱津神社では、塩と野菜を甕に入れたお供え物が漬物になったことから、漬物の神とされている。

能力データ
登場 2／名高さ 4／霊力 4／慈愛 3

illustration：竜胆ヒマワリ

第2章 ― 八百万の神々の誕生　The birth of the eight million gods

042

ククノチノカミ
久久能智神

属性：木の神／建築木材の神　ご利益：山林業守護／家内安全
神社：公智神社（兵庫県西宮市）など

イザナキ、イザナミから生まれた木の神。成長する茎や幹の象徴であり、樹木を育む大地の生命力を神格化した神でもある。

能力データ
登場 2
慈愛 3
名高さ 5
霊力 5

illustration：池田正輝

トリノイワクスフネノカミ
鳥之石楠船神

属性：船の神／運輸交通の神　ご利益：航海安全／交通安全など
神社：神崎神社（千葉県神崎町）など

神名は「楠で作られた丈夫で速い船」という意味で、アマノトリフネとも呼ばれる。船、運輸の神だが、船そのものとする説もある。

能力データ
登場 3
慈愛 3
名高さ 3
霊力 3

illustration：池田正輝

オオゲツヒメノカミ
大宜都比売神

属性：農業の神／食物の神　ご利益：農業守護／五穀豊穣など
神社：上一宮大粟社（徳島県名西郡）

イザナキとイザナミから生まれた食物の女神で、口、鼻、尻から食物を生み出す力がある。高天原を追放されたスサノオに請われ、生み出した食物を調理して献上したが、その様子を目にしたスサノオに穢れた食べ物を提供したと誤解され、殺されてしまった。すると、倒れたオオゲツヒメの頭から蚕、目から稲の種、耳から粟、鼻から小豆、陰部から麦、尻から大豆が生じ、これらがカムムスヒに回収されて五穀の種になったという。

能力データ
登場 3
慈愛 4
名高さ 4
霊力 5

illustration：米谷尚展

その身は炎に包まれている？

イザナミが火傷を負ったのはカグツチの体温が非常に高温だった可能性もあるが、「陰部を焼かれた」という描写から身体が炎に包まれていたとも考えられる。

能力データ

- 登場 3
- 誓約
- 名高さ 4
- 霊力 5
- 慈愛 2

第2章 ― 八百万の神々の誕生 The birth of the eight million gods

illustration：中山けーしょー

ヒノカグツチノカミ
火之迦具土神

属性：火の神／鍛冶の神　ご利益：山林業守護／国土開発など
神社：秋葉山本宮秋葉神社（静岡県浜松市）など

自然

イザナキとイザナミが生んだ火の神。神名の「ヒ」は火、「カグ」は輝く、「チ」は霊的な存在を表す。イザナミはカグツチを生んだ際に火傷を負って黄泉国へ去り、二神にとって最後の子となったカグツチも、悲憤したイザナキに十拳剣で首を斬られてしまう。このときカグツチの血と身体からそれぞれ8柱ずつ、計16柱の神々が生まれており、この物語については火山の噴火を表すとする説や鍛冶を表しているとする説などがある。

ヒノカグツチノカミを斬り殺した剣

カグツチを斬った際にイザナキが用いた十拳剣は、「十束剣」「十握剣」とも記される。握り拳10個の長さの剣という意味で、特別な剣の固有名詞ではなく、同種の剣全般を指す一般名詞と考えられている。『古事記』では、アマテラスとスサノオが誓約を交わす話やスサノオによるヤマタノオロチ退治などにも登場している。

温泉の神として祀られるヒノカグツチノカミ

防火の神として祀られていることが多いカグツチだが、大分県別府市の火男火売神社では、火山である鶴見岳を御神体として祀られ、別府八湯（8カ所の温泉郷）を守護するとして地域の人々に信仰されている。

鶴見岳には山頂がふたつあり、一方がカグツチとして祀られている。

その体から複数の神が誕生

カグツチの血から現れた神のうち、イワサク、ネサク、イワツツノオは刀剣や岩、ミカハヤヒ、ヒハヤヒは火、タケミカヅチは刀剣と雷、クラオカミ、クラミツハは雨や水の神。身体から現れた8柱は、神名に「ヤマツミ」を含む山の神だ。

タケミカヅチノオノカミ
（P.052）

045

カナヤマビコノカミ・カナヤマビメノカミ

金山毘古神・金山毘売神

属性：鉱山の神／金属の神　**ご利益**：鉱山守護／鉄鋼業守護 など
神社：金峯神社（奈良県吉野郡）など

工業

illustration：藤川純一

カグツチを生んで火傷を負ったイザナミが床に臥した際、吐瀉物から現れた神々。「カナヤマ」は鉱山、「ビコ」は男性、「ビメ」は女性を表す。吐瀉物と鉱山が結びついた理由は不明だが、小石が広がる様子や鉱石が吐瀉物に似ているためと考えられる。

その子どもは鍛冶師に信仰される

古代の中国地方ではタタラ製鉄が盛んで、鍛冶師たちに信仰されたカナヤゴという製鉄の神が、カナヤマビコとカナヤマビメの子とされている。

能力データ
- 登場 2
- 名高さ 4
- 霊力 5
- 慈愛 5

ハニヤスビコノカミ・ハニヤスビメノカミ

波邇夜須毘古神・波邇夜須毘売神

自然

属性：土の神／陶器の神　**ご利益**：開墾守護／土木業守護 など
神社：畝尾坐健土安神社（奈良県橿原市）

illustration：竜胆ヒマワリ

能力データ
- 登場 2
- 名高さ 3
- 霊力 3
- 慈愛 3

カグツチを生んで火傷を負ったイザナミが床に臥した際、大便から現れた神。「ハニヤス」は赤土の粘土、「ビコ」は男性、「ビメ」は女性を表す。大便から現れたとされるのは、地母神的性格を有するイザナミの大便と、赤土粘土の見た目のイメージが重なったためだろう。また古代の農耕では、糞尿が貴重な肥料として利用されていたため、肥料の神とも考えられている。

ミツハノメノカミ
弥都波能売神

属性：水の神／井戸の神　ご利益：農耕守護／祈雨・祈止雨など
神社：丹生川上神社（奈良県吉野郡）／岡太神社（福井県越前市）

カグツチを生んだイザナミが火傷で床に臥した際、その尿から現れた女神。地母神的存在のイザナミの尿は湧水や河川の象徴であるため水の神であり、農耕に糞尿が利用されていたため肥料の神でもある。

紙漉きの技術を伝えた女神

福井県越前市の岡太神社には、紙漉きの技術を伝えた「川上御前」と呼ばれる神が祀られており、この川上御前がミツハノメであるともいわれている。

能力データ
登場 2
慈愛 4
名高さ 5
霊力 5

illustration：日田慶治

ワクムスヒノカミ
和久産巣日神

属性：水の神／五穀の神　ご利益：農耕守護／産業守護など
神社：安積国造神社（福島県郡山市）／竹駒神社（宮城県岩沼市）など

能力データ
登場 3
慈愛 2
名高さ 5
霊力 5

カグツチを生んだイザナミが火傷を負って床に臥した際、尿から現れた神。同様に現れたミツハノメと同じく水の神で、神名の「ワク」は若々しい、「ムスヒ」は生成の霊力を表すことから、水が有する若々しくも力強い生成力の象徴とされている。また農耕には水が欠かせず、尿も肥料として利用される。加えて食物や穀物の神として知られるトヨウケビメの父でもあるため、生産、農耕の神でもあると考えられている。

illustration：藤川純一

047

トヨウケビメノカミ
豊宇気毘売神

属性：穀物の神／食物の神　**ご利益**：農業守護／漁業守護など
神社：伊勢神宮外宮（三重県伊勢市）など

ワクムスヒの娘。食物や穀物の女神で、神名の「トヨ」は豊か、「ウケ」は食物もしくは稲、「ビメ」は女性を表す。トヨウケノオオミカミ（豊受大御神）とも呼ばれ、伊勢神宮外宮の「豊受大神宮」に祀られているほか、同じく食物や穀物の神で、「お稲荷さん（稲荷神）」として知られるウカノミタマと同一視され、稲荷神社で祀られていることもある。

雄略天皇により伊勢神宮外宮に祀られる

社伝によれば、雄略天皇の夢に現れたアマテラスから「自身の食事を司るトヨウケビメを呼び寄せるように」とお告げがあり、丹波国で祀られていたトヨウケビメを外宮にお迎えしたという。

能力データ
登場 2
慈愛 4
名高さ 5
霊力 5

illustration：池田正輝

アメノオハバリノカミ
天之尾羽張

属性：剣の神／神剣　ご利益：－
神社：斐伊神社（島根県雲南市）

武芸

イツノオハバリ（伊都之尾羽張）とも呼ばれる。「アメ」は天、諸説あるが「オハバリ」は幅が広い剣という意味で、神名の通り剣の神である。『古事記』では葦原中国（地上）平定の物語に登場。派遣する使者の候補として名が挙がるが、承諾しつつも自身の子であるタケミカヅチを推薦し、タケミカヅチが派遣されることになった。

その名前には さまざまな意味がある

この神は剣そのものでもあり、「アメノオハバリ」は、イザナキがカグツチを斬った際に用いた十拳剣の固有名詞とされている。

能力データ

登場 ③
名高さ ４
霊力 ５
慈愛 ３

illustration：月岡ケル

ナキサワメノカミ
泣沢女神

自然

属性：井戸の神／泉の神　ご利益：寿命長久など
神社：畝尾都多本神社（奈良県橿原市）など

イザナミを失ったイザナキの涙から現れた水の女神。神名の「ナキ」は泣く、「サワ」はさめざめと泣く様子、「メ」は女性を表す。『古事記』に祀られた場所が記されており、そこにはこの神を祀った畝尾都多本神社が現存している。

井戸を御神体とする女神

「サワ」には水が流れ出る場所という意味もあり、先述した神社で御神体とされている井戸や泉など、湧き水の神でもある。

illustration：双羽純

能力データ
登場 2
名高さ 4
霊力 5
慈愛 5

イワサクノカミ・ネサクノカミ・イワツツノオノカミ
石折神・根折神・石筒之男神

武芸

属性：剣の神／岩の神　ご利益：生命力向上など
神社：磐裂根裂神社（栃木県下都賀郡）など

カグツチがイザナキに斬られた際、剣先から岩にしたたり落ちた血から現れた神々。イワサク、ネサクの神名にある「サク」は裂くの意味で、この2柱は岩や根を切り裂く剣の威力を表した刀剣の神。イワツツノオの「ツツ」は神霊、「オ」は男性を表すため、こちらは岩の神とされる。

illustration：日田慶治

能力データ
登場 2
名高さ 3
霊力 3
慈愛 3

ミカハヤヒノカミ・ヒハヤヒノカミ
甕速日神・樋速日神

属性：火の神／雷の神／剣の神　ご利益：防火防災／家内安全　など
神社：蜂前神社（静岡県浜松市）　など

illustration：藤川純一

イザナキに斬られて飛び散ったカグツチの血から現れた神々。神名の「ミカ」は激しい、「ハヤ」は速い、「ヒ」は太陽もしくは霊を表すため、ミカハヤヒは火や雷の神。ヒハヤヒは「ヒ」を火ととらえれば、火力の神と考えられる。また、この2柱の後に雷や刀剣の神であるタケミカヅチが現れることから、ミカハヤヒとヒハヤヒは剣を焼く様子、タケミカヅチは剣を鍛える際に飛び散る火の粉を表すともいわれる。

能力データ
登場 2
名高さ 4
霊力 4
慈愛 3

自然

クラオカミノカミ・クラミツハノカミ
闇淤加美神・闇御津羽神

属性：水の神／雨の神／灌漑の神　ご利益：祈雨・祈止雨／五穀豊穣　など
神社：貴船神社（京都府京都市）

illustration：藤川純一

イザナキがカグツチを斬った際、剣の柄を握る指の間から漏れた血から現れた神々。共通する神名の「クラ」は谷を表す。クラオカミの「オカミ」について正確な意味は判明していないが、『日本書紀』における神名などをもとに龍神とする説がある。一方の「ミツハ」についても湧水、河川、龍の姿をした水の精など諸説あるが、いずれも水に関連する言葉であり、この2柱はともに水の神と考えられている。

能力データ
登場 2
名高さ 5
霊力 5
慈愛 3

自然

051

第２章 ── 八百万の神々の誕生 *The birth of the eight million gods*

のちに神武天皇に授けられた神剣

所有していた神剣「布都御魂」は、高倉下という者への神託を通じてイワレビコ（神武天皇）に授けられた。

illustration：月岡ケル

能力データ

- 登場 4
- 名高さ 5
- 霊力 5
- 慈愛 2

052

タケミカヅチノオノカミ
建御雷之男神

武芸

属性：雷神／武神／剣の神　**ご利益**：武道守護／国家鎮護など
神社：鹿島神宮（茨城県鹿嶋市）／春日大社（奈良県奈良市）など

　イザナキに斬られて飛び散ったカグツチの血から、ミカハヤヒ、ヒハヤヒに続いて現れた神。雷や刀剣と関連した神名の猛々しい神で、「国譲り」では葦原中国（地上）への使者を拝命。逆さに突き立てた剣の先で胡坐をかきつつオオクニヌシに国土献上を迫り、抵抗するタケミナカタを力比べで破って葦原中国平定を成し遂げた。また「神武東征」では、神剣「フツノミタマ」をイワレビコに授けて危機を救ってもいる。

鹿島に伝わる土着神

　タケミカヅチを主祭神とする鹿島神宮は茨城県鹿嶋市に総本社があり、イワレビコが即位した年に勅祭したことが始まりと伝えられている。また、もともとタケミカヅチは常陸国と呼ばれていたこの地域の土着神であり、政権内で神事や祭祀を司った豪族、中臣氏に氏神とされたことから重要な神として神話に取り入れられたとする説がある。

鹿島神宮は江戸時代の浮世絵にも描かれる名所でもあった。

多くの逸話で武を示す闘神

　逸話は刀剣や軍事に関連しており、タケミカヅチは東国を守護すると同時に都から遠い関東・東北に睨みを利かす存在。のちには地震を鎮める神としても信仰された。

1855年の安政の大地震後は、ナマズを押さえ込む姿がよく描かれていた。

武神という面から武者姿で描かれることもあった。

相撲の起源でもある神

　力比べでは、タケミカヅチは手を氷や刃に変えてタケミナカタに掴ませず、逆に怯んだ相手の手を掴んでひと捻りにした。日本の国技でもある相撲は、このときの勝負が起源ともいわれている。

アマテラスオオミカミ
天照大御神

属性：太陽神／皇祖神／日本の総氏神　**ご利益**：国土平安／五穀豊穣など
神社：皇大神宮（内宮）（三重県伊勢市）

高天原の主宰神で、皇室の祖神でもある太陽の女神。「アマテラス（尊くお照らしになる）」が称え名で「大御神（偉大な特別な神）」が神名だが、一般にアマテラスで大神を意味している。黄泉国から戻ったイザナキが穢れを祓った際に左目から誕生。続いて現れたツクヨミ、スサノオとともに「三貴子」と呼ばれ、その筆頭格としてイザナキから神々が住まう高天原の統治を任された。御神体は八咫鏡で、天孫降臨の際に「私の魂として祀るように」とホノニニギに授け、現在は皇大神宮（内宮）に祀られている。

第2章　八百万の神々の誕生　The birth of the eight million gods

世界的に珍しい女性の太陽神

アマテラスが女神である理由としては、太陽神に仕えていた巫女が、のちに神格化されたためとも考えられている。世界的に見れば男神の太陽神が多く、女神の太陽神は少数派で珍しい存在だ。そのアマテラスにも、もともとは伊勢で太陽神として祀られていた男神、アマテル神が前身なのではないかという説がある。

有名なエジプト神話のラーやギリシャ神話のアポローンなど、他国の太陽神は男神が多い。

浮世絵に描かれたアマテラスオオミカミ

アマテラスのエピソードとしては、乱暴を働いたスサノオに怒って洞窟（天岩戸）に引き籠もってしまう「岩戸隠れ」の話が特に有名だ。江戸時代から明治時代にかけて庶民に人気があった浮世絵にも、しばしばその姿が描かれている。

アマテラスオオミカミ が身を隠した天岩戸

「岩戸隠れ」は天界での出来事だが、近畿地方を中心として日本各地に天岩戸にまつわる場所がいくつも存在し、なかには天岩戸の名を冠した神社もある。

浮世絵師の枝年昌が1889年に描いた『岩戸神楽之起顕』

三重県磯部町の「恵利原水穴」。環境省の名水百選に選ばれた湧水でもある。

勾玉から神様が誕生

スサノオと「誓約」という呪術を行なった際、身に着けていた勾玉から5柱の男神が誕生。アマテラスは、彼らを自身の子として引き取った。

illustration：なんばきび

- 登場 4
- 名高さ 5
- 慈愛 4
- 霊力 5

能力データ

タケハヤスサノオノミコト
建速須佐之男命

農業

属性：暴風の神／英雄の神／疫病神　ご利益：五穀豊穣／厄除けなど
神社：八坂神社（京都府京都市）など

イザナキが黄泉国の穢れを祓った際に鼻から誕生した神で、同時期に誕生したアマテラス、ツクヨミとともに「三貴子」と呼ばれる。神名の「タケ」「ハヤ」は強くて力みなぎる様を意味し、「スサ」は「荒む」に通じる語。その名の通り、数々の乱暴を働いて高天原を追放されるに至る荒ぶる神だが、降り立った出雲では一転、ヤマタノオロチを退治して英雄となる。命を救ったクシナダヒメとの結婚では御殿を建てる優しさも見せ、時と共に成長する神だ。

錦絵に描かれたスサノオ

神らしからぬ人間臭い性格もあって、スサノオは古くから根強い人気を誇っていた。豊富なエピソードのなかでもヤマタノオロチを退治した英雄譚は特に好まれ、神楽の演目をはじめ、江戸時代に人気を博した錦絵の題材としても取り上げられていた。

スサノオが退治した怪獣ヤマタノオロチ

『古事記』や『日本書紀』によれば、ヤマタノオロチは頭と尾が8つずつある巨大な怪物。これを氾濫する斐伊川や他国の象徴として捉え、退治の英雄譚は治水や戦争とする説もある。

巨大なヤマタノオロチを倒したスサノオにも、実は巨人としての要素がある。

ヤマタノオロチの退治方法

スサノオは、クシナダヒメの両親であるアシナヅチ、テナヅチ夫婦にとても濃い酒槽を作らせ、これを注いだ桶を8つの桟敷に設置。現れたヤマタノオロチが酒を飲み干し、眠ってしまったところを退治した。

龍を退治して手にした草薙剣

ヤマタノオロチを倒した際、スサノオは切り裂いた尾から見つけた剣をアマテラスに献上した。これが草薙剣で、ヤマタノオロチ退治の物語には皇室に伝わる三種の神器の一つの由来という重要な要素も含まれている。

厄除けの神として
信仰される

スサノオは、仏教の牛頭天王と同一視された疫病神でもある。しかし、疫病神を慰めて疫病を防ぐ祇園信仰が広まると、以後は厄除けの神として信仰された。

能力データ

- 登場 4
- 名高さ 5
- 霊力 5
- 慈愛 5

illustration：伊藤サトシ

ツクヨミノミコト
月読命

農業

属性：月の神／農業の神／狩猟の神　　**ご利益**：五穀豊穣／豊漁守護など
神社：月読神社（京都府京都市）

イザナキが黄泉国の穢れを祓った際、右目から誕生した神。同様に左目や鼻から誕生したアマテラス、スサノオとともに「三貴子」と呼ばれ、イザナキから「夜の食国」の統治を任された。神名には「月の満ち欠けを読む」という意味があり、暦を司る農耕や狩猟の守護神として古くから祀られた重要な存在。しかし、『古事記』や『日本書紀』の記述はわずかで、謎が多い神でもある。

イザナキから誕生した三貴子の一柱

「三貴子」という言葉は、イザナキが自ら生んだ諸神のなかで、ツクヨミら3柱の神々を最も尊いとしたことに由来する。イザナキが川で黄泉国の穢れを祓った際は、脱いだ衣服や装身具などからも多くの神が誕生した。それでも三貴子が特別に尊ばれたのは、この3柱がイザナキの体から直接誕生したためだ。

農耕の起源を表す逸話

『日本書紀』には、ツクヨミが食物を司る神、ウケモチに会いに行く話がある。この際、ツクヨミは口から出した御馳走でもてなそうとしたウケモチを汚らわしいと感じ、怒ってウケモチを殺害。すると、倒れたウケモチの屍から小麦、粟、大豆などの穀物や蚕、牛馬が誕生したという。

ウケモチノカミ
（P.146）

神話内では出番が少ない？

ツクヨミが活動するエピソードは極わずかで、先述したウケモチとの話を除けば、顕宗天皇の代に人に憑き、自身を信奉するよう告げたという話くらいしかない。

その逸話から昼夜の概念が誕生

ウケモチを斬ってしまったツクヨミは、報告を受けて怒ったアマテラスに「顔も見たくない」と告げられる。以後、この二神は日と夜、時を隔てて暮らすことになり、これによって昼夜が生じた。

第2章　八百万の神々の誕生　The birth of the eight million gods

illustration：三好載克

ヤクサノイカヅチノカミ
八雷神

自然

属性：雷神　ご利益：祈雨／災難除けなど
神社：雷神社（神奈川県横須賀市）など

黄泉国でイザナミの身体から生じた8柱の雷神。オオイカヅチは雷、ホノイカヅチは雷による火災、クロイカヅチは黒雲、サクイカヅチは天を裂く雷、ワカイカヅチは雷の力、ツチイカヅチは地に吸収される雷、ナルイカヅチは雷鳴、フスイカヅチは雷光を表す。

雷神が生じた部位

頭：オオイカヅチ	右手：ツチイカヅチ
胸：ホノイカヅチ	左手：ワカイカヅチ
腹：クロイカヅチ	右足：フスイカヅチ
女陰：サクイカヅチ	左足：ナルイカヅチ

能力データ
登場 2／名高さ 4／霊力 3／慈愛 2

illustration：七片藍

第2章　八百万の神々の誕生　*The birth of the eight million gods*

ツキタツフナトノカミ
衝立船戸神

生活

属性：守り神／道の神　ご利益：疫病除け／悪霊退散など
神社：日先神社（茨城県土浦市）など

illustration：中山けーしょー

能力データ
登場 2／名高さ 3／霊力 4／慈愛 4

黄泉国から戻ったイザナキが、禊をするため最初に手放した杖から現れた神。神名の「ツキタツ」は杖を突き立てる様子、「フナト」は来てはならぬ場所を意味する「クナド（来な処）」の「ク」が「フ」に変化したという説がある。杖を突き立てる行為は占有を表し、ひいては境界の標示でもある。よって、神名は「境界よりこちらに来るな」という意味になり、悪霊や邪気を防ぐ神と考えられている。

チマタノカミ
道俣神

属性：道の神／境界の神　ご利益：悪霊退散／家内安全 など
神社：葛上白石神社（奈良県吉野町） など

illustration：日田慶治

　黄泉国から戻ったイザナキが、川で穢れを祓おうと脱ぎ捨てた袴から現れた神。神名の「チマタ」は分岐点を意味し、二股の袴が由来であるようだ。『古事記』に具体的な記述はないが、神名をもとに道祖神的な存在と考えられている。

能力データ
登場 2／名高さ 3／霊力 4／慈愛 4

境界を守護する道祖神的な神

悪霊や疫病を防ぐとして村境や道の辻に道祖神を祀る風習があり、チマタも同様の神のようだ。

ワタツミサンシン
綿津見三神（底津綿津見神・中津綿津見神・上津綿津見神）

属性：海の神／航海の神　ご利益：航海安全／漁業守護 など
神社：志賀海神社（福岡県福岡市）／海神社（兵庫県神戸市） など

illustration：七片藍

能力データ
登場 2／名高さ 4／霊力 4／慈愛 3

　イザナキが黄泉国の穢れを祓うため、川で禊をした際に現れた3柱の海の神の総称。神名は「海の神霊」という意味で、川底で身を清めた際にソコツワタツミが、中ほどで身を清めるとナカツワタツミが、水面で身を清めた際にウワツワタツミが現れた。『古事記』には、ワタツミの子のウツシヒカナサクが安曇氏の祖神とあり、綿津見神社の総本宮である志賀海神社では、代々安曇氏が祭祀を司っている。

061

ヤソマガツヒノカミ・オオマガツヒノカミ

八十禍津日神・大禍津日神

属性：災厄の神　**ご利益**：厄除け／病気平癒　など
神社：太白山社（石川県津幡町）　など

イザナキが穢れを祓おうと川に入った際、最初に現れた2柱の神々。神名の「マガ」は「曲」に通じ、あるべき道筋から曲がってしまうことから災厄などよくないことを意味し、「ヒ」は神霊を表す。古来、日本では事故や病気などを穢れによるものと捉える一方、悪神、疫病神を祀ることで災厄から逃れられるという考えがあり、この2柱も厄除けの神として祀られるようになった。

能力データ
登場 2
名高さ 4
霊力 4
慈愛 3

illustration：合間太郎

カムナオビノカミ・オオナオビノカミ

神直毘神・大直毘神

属性：御祓の神　**ご利益**：厄除け／病気平癒　など
神社：伊蘇乃佐神社（鳥取県八頭町）　など

能力データ
登場 2
名高さ 4
霊力 4
慈愛 4

illustration：合間太郎

川に入ったイザナキが黄泉国の穢れを祓った際、ヤソマガツヒ・オオマガツヒの2柱に続いて現れた神々。神名に共通する「ナオ」は曲ったものを直す、「ビ」は神霊を表し、「カム」は神々しい、「オオ」は偉大なという意味。「マガ（禍）」を直すために現れた神であり、災厄の神として現れたマガツヒの2柱とバランスをとっている。

スミヨシサンシン
住吉三神（底筒之男命・中筒之男命・上筒之男命）

武芸

属性：海の神／航海の神／和歌の神　ご利益：海上安全／漁業守護など
神社：住吉大社（大阪府住吉区）／住吉神社（全国各地）など

イザナキが川で禊をした際、綿津見三神とともに現れた3柱の神々。川底で身を清めた際にソコツツノオ、中ほどでナカツツノオ、水面でウワツツノオが現れた。神名の「ツツ」については諸説あるが、「底つ津の男」のツツで港の神という解釈に説得力がある。いずれにしても海や船に関連する航海の神であるのは間違いない。

能力データ
- 登場 2
- 名高さ 5
- 霊力 5
- 慈愛 4

神功皇后の新羅出兵を手助け

『古事記』にはスミヨシサンシンが神功皇后に神懸かりした記述がある。神功皇后が神託に従い出兵すると、船団は新羅の半分にまで乗り上げ、新羅や百済は恐れて降伏したという。

illustration：米谷尚展

063

COLUMN ❶

《神社ごとに異なる「紋」と「門」》

鳥居は神と人間の世界をわける門

　地図記号にもなるなど、神社を象徴する存在ともいえる鳥居は、現世と神様の世界である神社の境内とを区切る重要な役目をもつ。そのため、鳥居がない神社は数えるほどしかない。また、鳥居にはいくつか種類があり、それらはシンプルな形状の神明系と、複雑な形状の明神系にわけられる。どの鳥居を建てるかは御祭神と結びついているので、神社の歴史がわかる要素のひとつといえよう。

神明系

明神系

伊勢神宮
(三重県伊勢市)

春日大社
(奈良県奈良市)

伏見稲荷大社
(京都府京都市)

花菱

下がり藤

抱き稲

香取神宮
(千葉県香取市)

秋葉神社
(静岡県浜松市)

北野天満宮
(京都府京都市)

五七の桐

七葉紅葉

星梅鉢

祭神などに由来する神社固有の紋

　鳥居のほかにも、神社ごとに異なるものが存在する。そのひとつが、神社の屋根や賽銭箱、幕などに描かれた神紋（社紋）だ。これは家ごとに異なる図柄が採用される家紋のようなもので、左はその一例となる。神社に祀られている神様、神社に関わる神職や氏子、領主の家紋が起源となっているため、神紋の由来を知れば、神社の由緒もわかる。神社に行ったときは探してみよう。

第3章 三貴子の物語 相関図

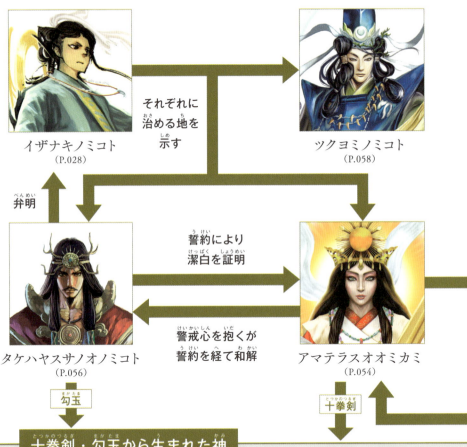

第3章 三貴子の物語 *The tale of three noble children*

o66

イザナキは禊を経て生まれた3柱の貴い御子、アマテラス、ツクヨミ、スサノオに治めるべき土地を示した。しかし、末弟のスサノオは、その役目を放棄してさまざまな問題を起こし、

高天原の主宰神であるアマテラスを岩戸に隠れさせ、世界を闇に閉ざしてしまう。八百万の神々は、アマテラスを外に出すために、一計を案じ、見事に成功させる。

八百万の神々

アマテラスオオミカミを外に出す方法を聞く

オモイカネノカミ
（P.078）

警戒を解くが荒ぶる弟に困り果て天岩戸に引きこもる

天岩戸

高天原のいずこかに存在する岩小屋。天岩屋戸とも呼ばれる。スサノオの暴挙に耐えきれなくなったアマテラスは、ここに引きこもる。

アマテラスオオミカミを天岩戸から呼び出す

解決策を授ける

オモイカネノカミに協力した神々

- アマツマラ（P.077）
- イシコリドメノミコト（P.077）
- タマノオヤノミコト（P.080）
- フトダマノミコト（P.080）
- アメノタヂカラオノカミ（P.081）
- アメノウズメノミコト（P.082）
- アメノコヤネノミコト（P.084）

アマテラスが岩戸に引きこもってしまい、困り果てた八百万の神々は、知恵の神であるオモイカネに相談する。やがてオモイカネは解決策を思いつき、左の神々を集めて実行する。

067

第3章 三貴子の物語
物語

【タケハヤスサノオノミコトの誓約】

父や姉と対立する
タケハヤスサノオノミコト

　三貴子を得たイザナキは、アマテラスに高天原を、ツクヨミに夜の食国を、スサノオに海原を治めるように命じた。アマテラスとツクヨミはこれに従ったが、スサノオは亡くなった母のところに行きたいと泣きわめいていた。その結果、山や海は枯れ果て、悪鬼による災いが起きるようになってしまう。

　そこでイザナキは「なぜお前は泣きわめき、国を治めないのか」と問い詰める。するとスサノオは「亡くなった母がいる黄泉国に行きたくて泣いているのです」と答えたため、イザナキは激怒して「ならばお前は母の国に行ってしまえ」と追放してしまう。

　スサノオは、母のいる国に向かう前に、高天原の姉に挨拶をしようと考える。しかし、アマテラスは「弟が上がってくるのは良くない心をもってのこと」と思い、戦士の姿に変身してスサノオに向き合う。ところがスサノオが「自分に謀反の心はない」というと、アマテラスは「ならばそれを証明なさい」というので、スサノオは誓約をしてアマテラスと子を作ることになった。

誓約により8柱の神が誕生
身の潔白も証明される

　アマテラスとスサノオは、天の安河を挟んで誓約をする。はじめにアマテラスが、スサノオから十拳剣を受け取り、3つに折って天の真名井の水ですすぎ、噛み砕いて息を吹き出す。するとそこからムナカタサンジョシンと呼ばれる3柱の女神が誕生した。続けてスサノオは、アマテラスがみづらに巻いていた八尺の勾玉を譲り受け、同じように水ですすいでから噛み砕いて息を吹き出した。するとそこからアメノオシホミミら5柱の男神が誕生する。十拳剣から生まれた女神はスサノオの子、勾玉から生まれた男神はアマテラスの子となった。

　スサノオは「後ろめたいことがないから、か弱き女神が生まれたのです」といい、勝利を宣言。これで身の潔白は証明できたというスサノオを、アマテラスは受け入れた。

【アマテラスオオミカミの岩戸隠れ】

弟の暴挙に恐れをなした
アマテラスオオミカミは岩戸へ

ところが高天原でのスサノオは、田の畔を壊して溝を埋めたり、新穀を供えて祭祀を行う神殿に糞を撒き散らすなど、悪行を重ねていく。しかし、アマテラスは弟をかばい、咎めることはしなかった。ついにスサノオは、機屋の屋根に穴を開け、皮を剥いだ馬を落とし入れる。これに驚いた機織りの女性は、道具が陰部に突き刺さる事故で死んでしまう。

さすがのアマテラスもこれには困り果て、天岩戸を開けて、そのなかに閉じこもってしまう。これにより、高天原や葦原中国は闇に閉ざされ、悪神がはびこり、さまざまな災いが生じる世界となってしまった。

神々が力を合わせ
世界に光を取り戻す

困った八百万の神々は、知恵の神オモイカネに相談する。

妙案を思いついたオモイカネは、はじめに常世長鳴鳥を集めて鳴かせ、次に天の安河の川上にある石と鉄を採取した。これを鍛冶師のアマツマラに製鉄させ、イシコリドメに八咫鏡を作らせる。続いてタマノオヤに八尺瓊勾玉を作らせ、アメノコヤネとフトダマに鹿の骨で占いをさせた。そしてフトダマに、天香具山の榊に八尺瓊勾玉、八咫鏡、白と青の布をかけたものを御幣としてもたせ、アメノコヤネに祝詞を唱えさせる。アメノタヂカラオは岩戸の脇に隠れ、アメノウズメは神憑りして踊り、神々の笑いを誘った。

神々の笑い声を聞きいたアマテラスは、戸を少し開けて「なぜアメノウズメは楽しそうに舞い、みんな笑っているのか」と尋ねた。アメノウズメは「あなたより貴い神が現れたので、喜んでいるのです」と答え、アメノコヤネとフトダマは鏡を差し出し、アマテラスを写した。

アマテラスは鏡に写った自分を、その貴い神だと思い、もっとよく見ようと岩戸を少し開けてしまう。アメノタヂカラオはこれを見逃さず、彼女の手を取って引っ張り出すことに成功。アマテラスが外に出たことで、世界は光を取り戻したのだった。

高天原で暴れまわった
タケハヤスサノオノミコトは
追放処分に

八百万の神々はスサノオを追放することにした。こうしてスサノオは、地上に降り、物語は「出雲神話」へと場面転換する。

それぞれが主祭神になるほど知名度が高い

ムナカタサンジョシンを祀った神社のなかには、特定の女神を主祭神として祀る神社もあり、この3柱の知名度の高さがうかがえる。

第3章 — 三貴子の物語　The tale of three noble children

能力データ
- 登場 5
- 名高さ 5
- 霊力 4
- 慈愛 3

illustration：ナチコ

070

ムナカタサンジョシン

宗像三女神（多紀理毘売命・市寸嶋比売命・多岐都比売命）

自然

属性：海の神／財福・技芸の神　**ご利益**：航海安全／交通安全／豊漁／商売繁盛
神社：宗像大社（福岡県宗像市）など

アマテラスとスサノオが誓約をした際、スサノオの剣とアマテラスの息吹から生まれた3柱の女神。タキリビメは沖ノ島の沖津宮、イチキシマヒメは宗像田島の辺津宮、タキツヒメは筑前大島の中津宮に鎮座する。タキリビメの神名には、海上の濃霧やスサノオの息吹との関係を表すとする説がある。またイチキシマヒメの神名は「神霊を祀る島」の意、タキツヒメの神名は玄界灘の激流を表す「たぎる」が由来とする説が有力なようだ。

あらゆる道の守護者

『日本書紀』には、3柱がアマテラスの命で地上に降臨した記述がある。そして、天孫を助けるよう命じられた際の「道中」や「道主貴」という呼び名をもとに、あらゆる「道」の守護神とされるようになった。

現在は航海安全にとどまらぬ神となっている。

弁財天と同一視されるイチキシマヒメ

仏教が盛んになると、「神々は仏が化身として現れた権現である」とする本地垂迹という思想が広まり、イチキシマヒメは七福神にも数えられる弁財天と同一視された。

弁財天も元はインド神話の女神サラスヴァティーだ。

8千以上の神社が祭神として祀っている

ムナカタサンジョシンは、もともと玄界灘周辺の豪族宗像氏を中心に信仰された土着神。しかし、大陸や半島との交流が盛んになると政権から重視され、また弁財天と同一視されたイチキシマヒメの存在もあって、全国各地の神社で祀られるようになった。

3柱を祀る神社は北海道から沖縄まで全国各地にある。

071

アメノオシホミミノミコト
天之忍穂耳命

属性: 農業の神／稲穂の神　ご利益: 商売繁盛／就職／結婚／病気平癒など
神社: 天忍穂別神社（高知県香南市）など

　アマテラスとスサノオが誓約をした際、アマテラスの玉飾りとスサノオの息吹から現れた神。神名は、豊かな穂をつけて頭を垂れる稲穂を表す。アマテラス直系の稲穂の神として知られ、また天孫降臨で地上に降臨したホノニニギの父でもある。

正式名に込められた意味

この神は、正勝吾勝勝速日天之忍穂耳命というのが正式名称だ。アマテラスとの誓約に勝利して、勝ち誇るスサノオの気持ちがこめられている。

明治時代に刊行された画集『万物雛形画譜』に描かれたアメノオシホミミ

登場 2
名高さ 3
霊力 4
慈愛 2

能力データ

初代天皇の高祖父にあたる

アメノオシホミミは、のちに即位して神武天皇となるイワレビコの高祖父でもある。

illustration：米谷尚展

アメノホヒノミコト
天之菩卑能命

属性：稲穂の神／農業の神　**ご利益**：商売繁盛／出世金運／厄難消除
神社：天之穂日命神社（鳥取県鳥取市）

　アマテラスとスサノオが誓約をした際、アメノオシホミミに続いて現れた神。『古事記』の「国譲り」にも登場し、国作りを進めていたオオクニヌシとの交渉役として葦原中国へ派遣された。しかし、国土を譲るよう説得するはずが心服してしまい、3年も音沙汰がなかったという。

伝承によっては
フツノヌシノカミと任務を遂行

『出雲国造神賀詞』では、悪神を鎮めるために地上へ派遣されており、目にした様子をアマテラスに報告し、フツノヌシらとともに地上を平定している。

フツノヌシはタケミカヅチと並ぶ武の神

能力データ
登場 5
名高さ 3
霊力 2
慈愛 3

illustration：磯部泰久

073

アマツヒコネノミコト
天津日子根命

属性：日の神／風の神　　**ご利益**：農業守護／漁業守護 など
神社：多度大社（三重県桑名市）など

自然

　アマテラスとスサノオが誓約をした際、スサノオの剣とアマテラスの息吹から現れた5柱のうちの1柱。祈雨の対象とされたほか、台風などの自然災害から作物を守るとされた風を司る神だが、各地の有力氏族に祖神とされて当地の神々と結びつき、のちには農業以外の産業にも霊威を発揮するとされた。

第3章　三貴子の物語　The tale of three noble children

有力氏族の祖神となる

祖神とした氏族には、推古天皇を養育した額田部氏や天武天皇の時代に栄えた凡川内氏などがいる。

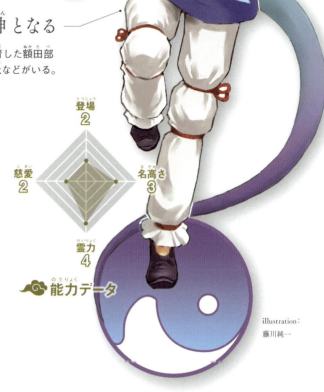

子供は製鉄・鍛冶の神

『古事記』に登場しないが、この神にはアメノマヒトツノカミ（天目一箇神）という息子がおり、鍛冶の神として信仰された。

鍛冶の神には単眼に通じる神名が多い。

能力データ
- 登場 2
- 慈愛 2
- 名高さ 3
- 霊力 4

illustration：藤川純一

074

イクツヒコネノミコト
活津日子根命

属性：農業の神　ご利益：開拓／振興など
神社：活津彦根神社（滋賀県近江八幡市）

　アマテラスとスサノオが誓約をした際、スサノオの剣とアマテラスの息吹から現れた神。神名の「イク」は生命力、「ヒコ」は太陽の子、「ネ」は根本を表す。『日本書紀』では「活津彦根命」と表記され、滋賀県彦根との関わりが語られている。

戦国武将とも縁が深い

この神を祀った滋賀県の活津彦根神社は戦国武将と縁があり、安土城を築城する前に織田信長が、大坂夏の陣の前には井伊直孝が参詣し、イクツヒコネの加護を得たといわれている。

能力データ
- 登場 ③
- 名高さ ②
- 慈愛 ③
- 霊力 ③

その名前が地名の由来に？

『日本書紀』には活津彦根大明神として滋賀県の彦根山に降り立ったとあり、「彦根」の地名の由来とされている。

illustration：藤川純一

クマノクスビノミコト
熊野久須毘命

自然

属性：熊野の神　ご利益：家内安全／学業成就／五穀豊穣など
神社：熊野大社（島根県松江市）など

アマテラスとスサノオが誓約をした際、スサノオの剣とアマテラスの息吹から最後に現れた神。神名の「クスビ」は「奇し霊」と考えられる。一方熊野を地名と捉えて熊野大社と関連付ける説があり、同社が火の起源の神社とされていることなどから、「奇し火」とする説もある。

第3章 ― 三貴子の物語
The tale of three noble children

『日本書紀』では名前が複数存在

『日本書紀』には4通りの神名で記されている。どれが原型に近いのかは不明だが「熊野」は共通し、ほかの部分にはいずれも火や穀物の字が当てられている。

火起こし器が神器として伝わる

火の発祥の神社として知られる島根県の熊野大社では、切り出したヒノキから燧臼と燧杵を作り、これを用いて清浄な火を得ていたと伝えられ、この臼と杵が神器として伝わっている。

登場 3
名高さ 3
慈愛 3
霊力 4
能力データ

illustration：中山けーしょー

アマツマラ
天津麻羅

属性：鍛冶の神／フイゴの神　**ご利益**：ー
神社：立岩神社（徳島県徳島市）

高天原で乱暴を働いたスサノオに困り、アマテラスが岩屋に篭った物語に登場する。役割について『古事記』に明確な記述はないが、「天金山の鉄を取り」「鍛人（鍛冶師）にアマツマラを」呼び、製鉄をしてイシコリドメが八咫鏡を製作するための鉄を用意したと考えられている。また、名に「神」や「命」の字がないため、神ではなく鍛冶師集団とする説もある。

能力データ
登場 3
名高さ 3
霊力 4
慈愛 2

illustration：佐藤仁彦

イシコリドメノミコト
伊斯許理度売命

属性：鋳物の神／金属加工の神　**ご利益**：女性の守護／工業
神社：鏡作坐天照御魂神社（奈良県磯城郡）

アマテラスが乱暴を働いたスサノオに困って岩屋に引き篭もったときに八咫鏡の製作を請け負い、アマツマラの協力も得て見事完成。アマテラスを引き出すうえで大きく貢献した。鋳物や金属加工など工芸の神としても信仰される。また「天孫降臨」にも登場し、葦原中国の統治を命じられたホノニニギに随行した。

能力データ
登場 3
名高さ 3
霊力 4
慈愛 2

illustration：佐藤仁彦

077

オモイカネノカミ
思金神

生活

属性：知恵の神／学問の神　ご利益：合格祈願／技術向上／出世開運
神社：思金神社（神奈川県横浜市）

　日本神話のさまざまな場面で活躍を見せる知恵の神。「思金」とは、多くの考えを兼ね備え、あらゆる角度から物事を検証し、発想するという意味。「岩戸隠れ」のエピソードでは神々に的確な指示を出し、アマテラスを外に出す儀式を成功させた。「国譲り」では国津神と交渉を行う神様を選出し、「天孫降臨」では天降るホノニニギに随伴している。

造化三神の子である オモイカネノカミ

造化三神は世界の始まりに誕生した3柱の神のこと。オモイカネは、その1柱であるタカミムスヒの子だ。そのためか、アマテラスやタカミムスヒから相談を受けることが多い。

タカミムスヒノカミ（P.020）

アマテラスオオミカミを 天岩戸から出す策を考案

　アマテラスが隠れてしまい、困った八百万の神々は、オモイカネに相談する。彼は常世長鳴鳥を集めて鳴かせると、以下の神々にそれぞれ指示を出し、作戦を実行した。

■神様に与えられた役割

●アマツマラ（P.077）
　→製鉄を依頼

●イシコリドメノミコト（P.077）
　→八咫鏡を作らせる

●タマノオヤノミコト（P.080）
　→八尺瓊勾玉を作らせる

●フトダマノミコト（P.080）

●アメノコヤネノミコト（P.084）
　→占いをさせる

●アメノタヂカラオノカミ（P.081）
　→岩戸から出てきたアマテラスオオミカミを捕まえる

●アメノウズメノミコト（P.082）
　→岩戸の前で踊らせる

その逸話から気象神社などで 祀られるオモイカネノカミ

　その性質から戸隠神社などで知恵の神として祀られているオモイカネ。彼は岩戸に引きこもったアマテラス（太陽）を外に出した功績から、天候の神としても信仰され、東京の気象神社（氷川神社）に祀られている。

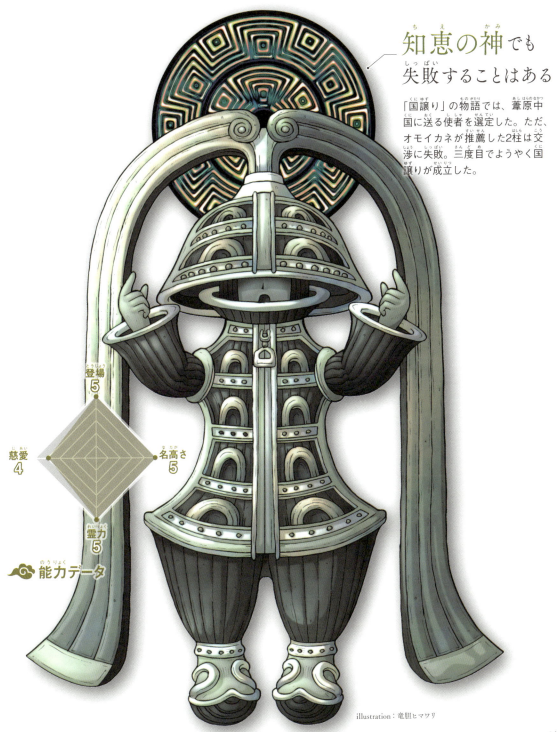

知恵の神でも失敗することはある

「国譲り」の物語では、葦原中国に送る使者を選定した。ただ、オモイカネが推薦した2柱は交渉に失敗。三度目でようやく国譲りが成立した。

能力データ
- 登場 5
- 慈愛 4
- 名高さ 5
- 霊力 5

illustration：竜胆ヒマワリ

タマノオヤノミコト
玉祖命

工業

属性：玉造の神　ご利益：宝石業／眼鏡業／レンズ業の守護
神社：玉祖神社（山口県防府市）

オモイカネに命じられ、八尺瓊勾玉を作った神。『日本書紀』では異なる神様が勾玉を作っているが、双方の神は同一神と考えられている。勾玉は鏡と同じく神の依代と考えられており、タマノオヤはアマテラスのために巨大な勾玉を作った。また、「天孫降臨」の物語では、ホノニニギに随伴して地上に降り、玉祖神社にて中国地方を治めたという。なお、この神は女神という可能性もあるようだ。

能力データ
- 登場 3
- 名高さ 3
- 霊力 4
- 慈愛 2

illustration：中山けーしょー

フトダマノミコト
布刀玉命

預言者・巫女

属性：祭祀の神／ものつくりの神　ご利益：事業繁栄／商売繁盛／学業成就
神社：安房神社（千葉県館山市）

出自に関しては謎に包まれているが、『古語拾遺』によればタカミムスヒの子とされる。「岩戸隠れ」の物語では、鹿の骨などを用いた太占という占いを行い、儀式に必要な道具を揃えた。天香具山から掘り出した榊に、勾玉の緒や白木綿、麻の青布巾、八咫鏡を飾り、太玉串を作ったという。また、五伴緒の1柱であり、「天孫降臨」ではホノニニギとともに天降っている。

能力データ
- 登場 3
- 名高さ 3
- 霊力 4
- 慈愛 3

illustration：月岡ケル

第3章　三貴子の物語　The tale of three noble children

080

アメノタヂカラオノカミ
天手力男神

属性：力の神／技芸の神　**ご利益**：技芸上達／スポーツ向上／五穀豊穣　**神社**：戸隠神社（長野県長野市）

武芸

アメノウズメの舞によって、ようやく天岩戸から顔を出したアマテラスを、外へと引っ張り出したのが、このアメノタヂカラオだ。その勇猛な姿から高い人気を誇り、全国的に神楽の題材として取り上げられている。とくに宮崎県の高千穂神楽では、「戸取の舞」など、彼を主役とする神楽は数多く存在する。

「名は体を表す」がぴったりな神

その神名には「手の力が強い男」という意味がある。まさに名が体を表している。

戸隠神社に伝わる伝承

戸隠神社の伝承によれば、アマテラスが外に出たあと、再び身を隠さないように、その岩戸を遠くへ投げ捨てたという。この岩は遠くまで飛んでいき、現在の戸隠山になった。

能力データ

- 登場 5
- 名高さ 5
- 霊力 5
- 慈愛 3

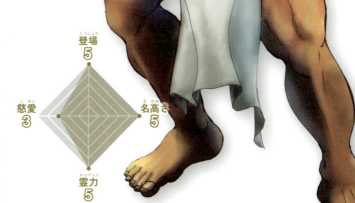

illustration：中山けーしょー

081

アメノウズメノミコト
天宇受売命

属性：芸能の神　ご利益：芸事上達／夫婦和合／縁結び
神社：芸能神社（京都府京都市右京区）

文芸

　日本最古の踊り子ともいわれる女神。アマテラスが岩戸に隠れた際は、オモイカネの指示で妖艶な踊りを披露し、八百万の神々を沸かせ、その騒がしさに気を取られたアマテラスは、思わず外に出てしまった。また、アマテラスの孫であるホノニニギが天降った際は、五伴緒の1柱としてともに地上へ。ホノニニギの命で、道中で出会ったサルタビコに仕えることに。そのため、彼女を祖とする氏族は「猿女君」と呼ばれる。

ホノニニギノミコトに随伴した五伴緒の1柱

「天孫降臨」では、ホノニニギとともに天降った。その途中、一行の前に謎の神が立ち塞がると、アメノウズメは妖艶な姿をさらして正体を問い詰めた。この謎の神というのがサルタビコであり、のちに彼女は妻として仕えることになる。

ホノニニギノミコト（P.116）

日本最古の踊り子でもある女神

「岩戸隠れ」のエピソードでは、自身の乳房をあらわにして踊り続け、最終的には全裸に近い状態で、狂乱ともいえる舞をみせた。そんな彼女の姿に、集まった神々も歓声をあげ、それを聞いたアマテラスはつい顔をのぞかせてしまった。一般的な舞と異なる彼女の踊りは、一説には神をその身に下ろした巫女を表しているという。

天岩戸神社に存在するアメノウズメを模した像。

芸能の神として各地で祀られる

踊り子という性質から、アメノウズメは芸能の神として各地の神社で祀られている。三重県伊勢市の猿田彦神社や京都府京都市の車折神社（芸能神社）などがよく知られている。写真は車折神社の祭礼・三船祭で、芸能人が参加することもある。

大堰川で王朝の船遊びを再現する祭礼行事。

日本の面のひとつ おかめの起源

古くから存在し、狂言などに用いられる日本由来の面、おかめ（おたふく）。これはアメノウズメをモデルにしたといわれている。

illustration：磯部泰久

能力データ
- 登場 4
- 名高さ 3
- 霊力 5
- 慈愛 4

083

アメノコヤネノミコト
天児屋根命

属性：言霊の神／祝詞の神　ご利益：産業繁栄／家内安全／子孫繁栄／交通安全／厄難消除
神社：春日大社（奈良県奈良市）／牧岡神社（大阪府東大阪市）

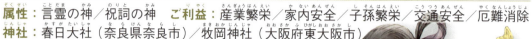

祭司を司る中臣氏の祖神。アマテラスが岩戸に隠れたとき、祝詞を唱えた。現在も神事で使われる祝詞のルーツである。

能力データ
- 登場 4
- 名高さ 4
- 霊力 4
- 慈愛 4

祝詞のルーツとなった神

祝詞は神職や巫女が神様に捧げる祈りの言葉だ。神になにを訴えるかによって、その内容は異なる。なかでも「祓詞」は「祓へ給い清め給へ〜」の一文が創作などに用いられることも多く、よく知られている。

illustration：月岡ケル

第3章　三貴子の物語　The tale of three noble children

第4章 出雲神話 相関図

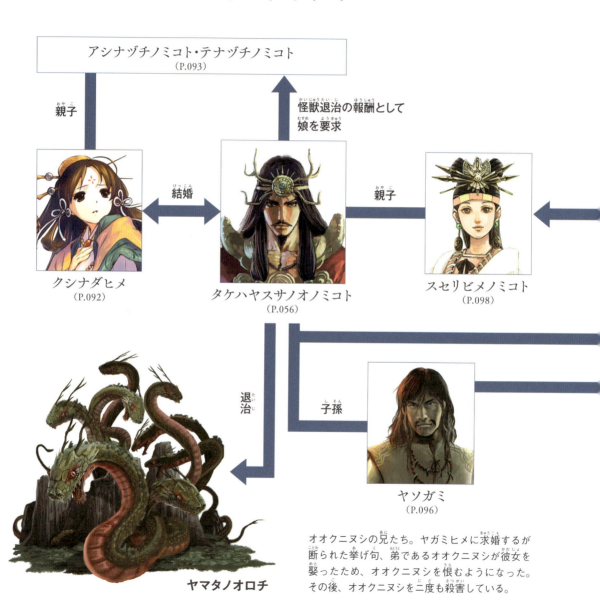

オオクニヌシの兄たち。ヤガミヒメに求婚するが断られた挙げ句、弟であるオオクニヌシが彼女を娶ったため、オオクニヌシを恨むようになった。その後、オオクニヌシを二度も殺害している。

この章では、高天原を追い出されたスサノオによる「ヤマタノオロチ退治」、彼の子孫であるオオクニヌシが出雲国を作り上げる「国作り」、そしてその国を天津神に譲り渡す「国譲り」について扱う。なお、前章までは神々が住まう高天原が舞台だったが、これより先の物語は、ほとんどが人間の世界となる地上すなわち葦原中国で繰り広げられる。

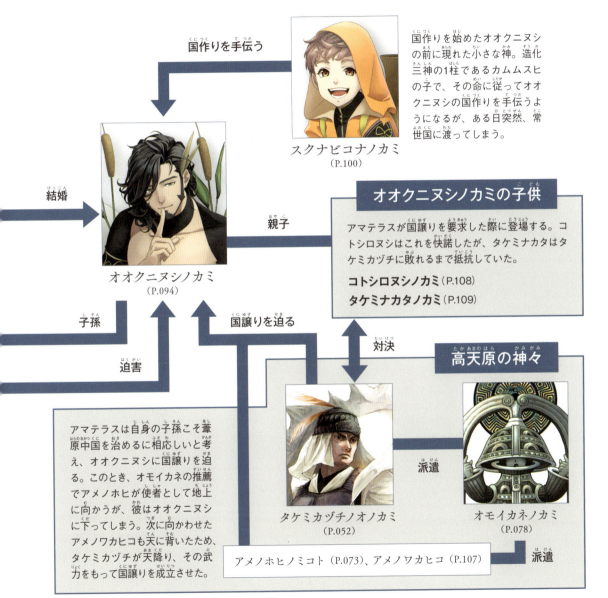

国作りを手伝う

スクナビコナノカミ
(P.100)

国作りを始めたオオクニヌシの前に現れた小さな神。造化三神の1柱であるカムムスヒの子で、その命に従ってオオクニヌシの国作りを手伝うようになるが、ある日突然、常世国に渡ってしまう。

結婚

オオクニヌシノカミ
(P.094)

親子

オオクニヌシノカミの子供

アマテラスが国譲りを要求した際に登場する。コトシロヌシはこれを快諾したが、タケミナカタはタケミカヅチに敗れるまで抵抗していた。

コトシロヌシノカミ（P.108）
タケミナカタノカミ（P.109）

子孫

国譲りを迫る

迫害

対決

高天原の神々

タケミカヅチノオノカミ
(P.052)

オモイカネノカミ
(P.078)

派遣

アマテラスは自身の子孫こそ葦原中国を治めるに相応しいと考え、オオクニヌシに国譲りを迫る。このとき、オモイカネの推薦でアメノホヒが使者として地上に向かうが、彼はオオクニヌシに下ってしまう。次に向かわせたアメノワカヒコも天に背いたため、タケミカヅチが天降り、その武力をもって国譲りを成立させた。

アメノホヒノミコト（P.073）、アメノワカヒコ（P.107）

派遣

087

第4章 出雲神話
物語

【タケハヤスサノオノミコトが怪獣を退治】

娘との結婚を条件に怪獣を退治する

高天原を追放されたスサノオは、出雲国に降り立った。彼はそこで涙を流す老夫婦と、美しい娘に出会う。

スサノオが名前を尋ねると、夫婦はオオヤマツミの子である国津神で、夫はアシナヅチ、妻はテナヅチ、娘はクシナダヒメだという。続けて、泣いている理由を尋ねてみると、老夫婦は「娘は8人いたが、ヤマタノオロチが毎年現れて食べてしまった。このままでは最後の娘も食べられてしまう」と答えた。事情を知ったスサノオは、娘を娶らせてくれるならヤマタノオロチを退治してやろうといい、老夫婦はこれを承諾した。

スサノオは夫婦に酒を作らせ、それを酒槽に入れて並べた。その後、クシナダヒメを食べにやって来たヤマタノオロチが、酒を飲んで酔いつぶれると、その正体は蛇で、スサノオは十拳剣でずたずたに切り裂いた。

このときその尻尾から現れた剣が、三種の神器に数えられる草薙剣だ。これはスサノオの手でアマテラスに献上され、のちに葦原中国を支配するために天降ったホノニニギに授けられた。現在は、剣本体が御神体として熱田神宮に祀られており、その形代が皇居に安置されている。

物語の主人公はタケハヤスサノオノミコトからオオクニヌシノカミへ

『古事記』では、ヤマタノオロチ退治のあと、スサノオの系譜について語られる。それによると、スサノオとクシナダヒメの子であるヤシマジヌミの子孫がオオクニヌシで、このあとの物語の主人公だ。

タケハヤスサノオノミコト (P.056) ─┐
　　　　　　　　　　　　　　　　　結婚 ── ヤシマジヌミノカミ ══ オオクニヌシノカミ (P.094)
クシナダヒメ (P.092) ───────────┘

【オオクニヌシノカミとヤソガミ】

オオナムヂの将来を予言した因幡の白兎

稲羽（因幡）のヤガミヒメに求婚するために、旅をしていたヤソガミと、彼らの末の弟であるオオナムヂは、道中で傷ついた兎を発見する。ヤソガミは治療方法を教えるが、その通りにすると兎の傷は悪化した。続けてオオナムヂが治療方法を教え、それを試してみると傷が癒え、兎はお礼に「ヤガミヒメを得られるのはヤソガミではなくあなたです」と予言した。

ヤソガミから逃れるため根の国へ

兎の予言通り、ヤガミヒメはオオナムヂを選び、ふたりは結婚する。一方で求婚を断られたヤソガミたちは激怒。策をめぐらせてオオナムヂを殺害してしまった。

オオナムヂの母サシクニワカヒメは、高天原のカムムスヒに助けを求め、キサガイヒメとウムギヒメを派遣してもらう。そしてオオナムヂを蘇らせると、オオヤビコのもとへと逃がした。しかし、ヤソガミたちは諦めず、執拗にオオナムヂ命を狙う。そこでオオヤビコは「スサノオが治める根の国に向かいなさい」と、オオナムヂを異郷へ逃がすことにする。

スセリビメノミコトと出会い駆け落ちする

根の国にやって来たオオナムヂは、そこでスサノオと、その娘であるスセリビメと出会う。お互いに一目惚れしたオオナムヂとスセリビメは、スサノオが与えた4つの試練を乗り越えて駆け落ちする。その別れ際、スサノオはオオナムヂに、ヤソガミを討って「オオクニヌシとなり、国を作れ」といった。

こうしてオオナムヂは、オオクニヌシとして国作りをすることになる。

ウサギが遭遇したのはワニ？ サメ？

オオナムヂが助けた兎は、和邇に傷つけられたと話していた。日本にワニは生息せず、山陰地方の方言で鮫をワニと呼ぶことから、このとき兎を傷つけた和邇は、サメとする説がある。

【オオクニヌシノカミの国作り】

どこからともなく現れた国作りの協力者

　出雲の御大の御前にいたオオクニヌシは、天之羅摩船に乗って海を漂う神様を見つける。羅摩とは、割った実が船のような形をしたガガイモのことだ。

　オオクニヌシはその神様に名前を聞くが、答えてもらえず、周囲にいた神々に聞いても誰も答えられなかった。するとそこに、タニグクというヒキガエルの神様が現れ、物知りなクエビコなら知っていると教えてくれる。オオクニヌシがクエビコを呼んで尋ねてみると、「この神様はカムムスヒの子で、名前はスクナビコナでしょう」と答えた。

　カムムスヒにこれを伝えると「確かに私の子だ。体が小さいために手の指のあいだから漏れ落ちてしまったに違いない」と認め、スクナビコナに「オオクニヌシと協力して国を作りなさい」と命じる。こうして2柱は、協力して国作りを進めていくことになった。

盟友が消えると同時に新たな協力者を得る

　協力者を得たオオクニヌシは、国作りを進めるが、ある日突然、スクナビコナは常世国に渡ってしまう。オオクニヌシが「私ひとりでどうやって国を作ればいいのか。私と一緒に国を作ってくれる神はいないか」と嘆いたところ、海を照らしてこちらにやって来る神様がいた。その神は、「私の御霊を祀るなら、国作りに協力しましょう。あなたひとりでは上手くいくまい」というので、オオクニヌシは、この神様を祀ることにした。

　『古事記』では、ここにこの神様の名前を記しておらず、「御諸山の上に坐す神」とだけあるが、のちの物語でオオモノヌシであることがわかる。御諸山は奈良県の三輪山のことで、ここに祀られているのはオオモノヌシという神だ。そのため、ここで現れた謎の神はオオモノヌシと考えられている。

　このあと、オオクニヌシは出雲国を築き上げ、物語は「国譲り」へとつながっていく。

オオモノヌシノカミ (P.103)

オオモノヌシは自分を「大和国を垣根のように取り囲む山々の東の山の上に祀りなさい」といった。

【葦原中国の平定】

使者を二度派遣するも失敗に終わる

　アマテラスは「葦原中国は私の子であるアメノオシホミミが治めるべきだ」といって、アメノオシホミミを天降らせようとする。しかし、このときの葦原中国は、乱暴な国津神で溢れかえっていたため、アメノオシホミミは途中で引き返してしまう。そこでアマテラスは、使者を派遣し、国を明け渡させようとした。
　誰を派遣するか相談されたオモイカネと八百万の神々は、アメノホヒを推薦する。アマテラスはこれに従ってアメノホヒを天降らせるが、彼はオオクニヌシに心服して家来になってしまい、音信不通となってしまう。アマテラスは誰を派遣すればよいか再びオモイカネに尋ねた。すると、今度はアメノワカヒコを遣わすべきだと答えたので、やはりその通りにした。
　地上に降りたアメノワカヒコは、自身が葦原中国の支配者になろうと考え、オオクニヌシの娘シタテルヒメと結婚し、高天原との連絡を絶ってしまう。アマテラスはアメノワカヒコから事情を聞くために雉の鳴女を使いに出すが、アメノサグメにそそのかされたアメノワカヒコに射殺されてしまう。これは天に背く行為だとされ、アメノワカヒコもタカミムスヒが返し放った矢に射抜かれて死んでしまう。

高天原きっての実力者が使者として葦原中国へ

　オモイカネと八百万の神々は、次にアメノハバリを推薦するが、彼は自分の息子タケミカヅチを推薦した。こうしてタケミカヅチが天降ることになった。
　出雲国に降り立ったタケミカヅチが、国を譲るように迫ると、オオクニヌシは自分の子に聞いてくれといった。タケミカヅチは、まずコトシロヌシに国を譲るように迫り、同意を得ることに成功。続けて、タケミナカタと力比べをし、これに勝利することで国譲りを承諾させた。葦原中国を平定したタケミカヅチは高天原へと帰り、物語は「天孫降臨」へとつながる。

アメノワカヒコ
(P.107)
「この雉の鳴き声は不吉だから殺すべきだ」というアメノサグメの進言に従い、使いの雉を殺してしまう。

091

クシナダヒメ
櫛名田比売

農業

属性：稲田の神　ご利益：五穀豊穣／縁結びなど
神社：八重垣神社（島根県松江市）

アシナヅチとテナヅチの娘で、容姿端麗な女神。彼女には7柱の姉がいたが、毎年ひとりずつヤマタノオロチに食べられていた。クシナダヒメも犠牲になるところだったが、スサノオがヤマタノオロチを退治したので、約束通り彼と結婚することになる。スサノオがヤマタノオロチを退治する際には櫛に変えられ、彼を守った。

第4章　出雲神話　Myths of Izumo

能力データ
登場 5
名高さ 5
霊力 5
慈愛 5

島根県に宮殿を建て夫婦で暮らす

スサノオと結婚したあとは、須賀（島根県出雲市）に宮殿を建てて、夫婦で暮らしたという。

illustration：双羽純

092

浮世絵に描かれたクシナダヒメ

下の絵は、江戸時代末期から明治時代にかけて活躍した浮世絵師・楊洲周延の作品。アシナヅチとテナヅチがクシナダヒメを挟んで泣いてるところに、スサノオがやって来たシーン。美人画を数多く手掛けた楊洲に、題材として選ばれるほど彼女は美しかったということだ。

クシナダヒメの年齢は不明だが、文献によっては、かなり幼かったとされている。

名前に込められた意味

神名の「櫛」は「奇し（素晴らしい）」、「名田」は「稲田」を表している。従ってその名は「素晴らしい稲田」という意味になり、稲田の神として信仰された。

その身を櫛に変えられた女神

スサノオはクシナダヒメを櫛に変え、自身の頭に刺してヤマタノオロチに臨んでいる。これは櫛という品物が霊力を秘めた道具と認識されていたため、あるいは女性に神秘的なパワーがあると考えられていたため、それを身に付けることで守護してもらうという意味があったとされている。

アシナヅチノミコト・テナヅチノミコト
足名椎命・手名椎命

農業

属性：稲の神　ご利益：国家隆昌／五穀豊穣／商売繁盛
神社：足王神社（岡山県赤磐市）

スサノオのヤマタノオロチ退治に登場するヒロイン、クシナダヒメの両親。ヤマタノオロチを退治してもらう代わりにスサノオと娘の結婚を許可した。クシナダヒメと暮らすために、スサノオが須賀に宮殿を建てると、アシナヅチはそこに呼び寄せられ、管理人に任命されている。

illustration：合間太郎

能力データ
登場 3
名高さ 2
霊力 2
慈愛 4

093

オオクニヌシノカミ
大国主神

属性：国作りの神／農業の神／医療の神　**ご利益**：縁結び／夫婦和合／五穀豊穣／病気平癒
神社：出雲大社（島根県出雲市）

　「国作り」をはじめとする日本神話のさまざまなエピソードに登場する建国の神。複数の名前をもち、神話中ではその名前ごとに異なる霊威を発揮している。なかでも代表的なのが、「因幡の白兎」で見せた病気・怪我の治療だろう。オオクニヌシは怪我をした兎に対し、「真水で傷口を清め、蒲の花粉の上で体を休めなさい」と、有効な治療法を授けた。また、『日本書紀』には、全国をまわって医療の普及に勤しんだといい、現在でも日本各地で医療の神として祀られている。

6柱もの妻をもつ恋多き神様

オオクニヌシは女性からモテたようで、6柱も妻がいた。子宝にも恵まれ、180柱以上の子を授かっている。そのため、縁結びの神様として信仰されている。

スセリビメノミコト
（P.098）

建国神として出雲に祀られる

スサノオの娘スセリビメと結婚したオオクニヌシは、スサノオのもとを去る際に「出雲国に宮殿を建て、オオクニヌシとして君臨せよ」といわれ、その通り国を作る。

彼が治めた葦原中国は、アマテラスの子孫である代々の天皇が治めることに。

温泉を見つけた神でもある

日本で最初に医療行為を行ったともいわれるオオクニヌシ。ともに国作りをしたスクナビコナとともに、各地で温泉を発見し、それを治療に用いたことも。

多数の別称をもつ神様

もとの名はオオナムヂで、スサノオにオオクニヌシと名付けられた。ほかにも八千矛神や三諸神、宇都志国玉神、大国魂神など、諸文献に多数の別称が記されている。

七福神の大黒天と神仏習合

神名の「大国」は「だいこく」とも読めることから、七福神の1柱である大黒天と習合した。大黒天(マハーカーラ)は、ヒンドゥー教の最高神シヴァの異名で、これが仏教に取り込まれた結果、大黒天という神が誕生。今では食物や財福を司る神として信仰される。

illustration：ナチコ

能力データ

登場 5
名高さ 5
霊力 5
慈愛 5

095

ヤソガミ
八十神

属性：抑圧者　**ご利益**：なし
神社：なし

　ヤソガミとは、特定の神の呼称ではなく、オオクニヌシの兄にあたる神様たちを指している。そのなかには嫉妬深く粗暴な性格のものもおり、オオクニヌシはヤガミヒメを娶ったあと、二度も命を奪われた。ただ、スサノオのもとで力をつけたオオクニヌシには敵わなかったらしく、のちに懲らしめられて出雲国から追い出されている。

スサノオノミコトの6世孫

ヤソガミやオオクニヌシは、アメノフユキヌとサシクニワカヒメの子で、スサノオの6世孫にあたる。意地悪だが、ヤソガミもスサノオを祖先とする由緒正しい神様なのだ。

タケハヤスサノオノミコト（P.056）

能力データ

登場 4
慈愛 1
名高さ 1
霊力 1

その名前は──数の多さを示す

神名の「八十」は「たくさん」という意味で、多くの兄弟を表している。数が多いことを意味する「八百万」と同じようなものだ。

illustration：中山けーしょー

キサガイヒメ・ウムギヒメ
蚶貝比売・蛤貝比売

属性：貝の神／医薬の神　ご利益：病気平癒
神社：岐佐神社（静岡県浜松市）

ヤソガミに殺されたオオクニヌシを救うためにカムムスヒが遣わせた、医薬を司る女神。砕いて粉末状にした貝殻を乳で練り、薬を作った。

能力データ
登場 2
名高さ 3
霊力 4
慈愛 4

貝をモデルにした神様

キサガイヒメとウムギヒメは、日本人には馴染みの深いふたつの貝を神格化した神様だ。キサガイヒメは赤貝、ウムギヒメは蛤がモチーフになっている。

illustration：池田正輝

オオヤビコノカミ
大屋毘古神

属性：木の種の神／木材の神　ご利益：植林／樹林
神社：伊太祁曽神社（和歌山県和歌山市）

樹木を司る神で、イザナキとイザナミのあいだに生まれた6番目の子供。ヤソガミに命を狙われていたオオクニヌシを匿ったほか、彼が根の国まで逃亡するのを助けた。

能力データ
登場 3
名高さ 2
霊力 3
慈愛 4

樹木の神と同一視される

オオヤビコはイソタケルノカミと同一視される。この神は、各地に木の種を植え、日本を樹木で豊かにした。現在は木材の祖神として祀られている。

illustration：竜胆ヒマワリ

097

スセリビメノミコト
須勢理毘売命

属性：縁結びの神　**ご利益**：語学・技芸の上達／財運向上
神社：出雲大社（島根県出雲市）

オオクニヌシには6柱の妻がいたが、正妻とされるのはスセリビメだ。この女神は、非常に嫉妬深いことで知られている。オオクニヌシはヤソガミを討って出雲を平定すると、因幡から妻のひとりであるヤガミヒメを招いた。しかし、彼女はスセリビメの嫉妬深さと強情な振る舞いを恐れて、国に帰ってしまった。

オオクニヌシノカミを助けた魔法の比礼

比礼とは、古代の女性が身に着けていたスカーフのような装飾品。彼女の比礼は不思議な力を秘めていた。

スセリビメノミコトが暮らしていた根の国

スセリビメは父親のスサノオと根の国で暮らしていた。ここは黄泉比良坂を通った場所にあることから、黄泉国と同一視される。

能力データ
- 登場 3
- 名高さ 3
- 霊力 4
- 慈愛 4

illustration：月岡ケル

オオクニヌシノカミを助けた スセリビメノミコトの品々

スセリビメからオオクニヌシを紹介されたスサノオは、オオクニヌシが娘の相手に相応しいか見極めるために、4つの試練を課す。スセリビメはオオクニヌシが試練を乗り越えられるように、不思議な力をもった比礼や、ムクゲの実などの品を渡してサポートした。そのおかげでオオクニヌシはスセリビメと結婚するに至ったのだ。

ムクゲはキレイな花を咲かせるアオイ科の落葉樹。変わった形の実をつける。

オオクニヌシノカミの正妻だが 子供は存在しない

スセリビメはオオクニヌシの正妻とされるが、ふたりのあいだに子供はいない。オオクニヌシの子として有名なコトシロヌシの母親はカムヤタテヒメ、タケミナカタの母親はヌナカワヒメといわれている。

コトシロヌシノカミ (P.108)

タケミナカタノカミ (P.109)

キノマタノカミ
木俣神

自然

属性：木の神／水神／安産の神　ご利益：安産子宝／病気平癒／家内安全
神社：御井神社（島根県出雲市）

オオクニヌシとヤガミヒメの子供。オオクニヌシの正妻であるスセリビメは、側室にあたる女神にキツく当たっていた。それに嫌気が指したヤガミヒメは、自身の子供を木の俣に挟んで、実家に帰ってしまう。この逸話が名前の由来となっている。ちなみに、日本三大美人の湯のひとつ「湯の川温泉」の伝承によれば、ここでヤガミヒメが授かった子が、この神様だそうだ。

能力データ
- 登場 1
- 慈愛 3
- 名高さ 3
- 霊力 3

illustration：ナチコ

099

スクナビコナノカミ

少名毘古那神

属性：酒造の神／医薬の神／温泉の神　**ご利益**：国土平安／産業隆昌／航海守護／病気平癒／縁結び
神社：少彦名神社（大阪府大阪市）

　オオクニヌシとともに国作りを行った神様。小柄ながら、さまざまな場面で力を発揮し、国作りという大仕事を見事にこなしている。記紀神話以外では、『播磨国風土記』や『伊予国風土記』などにも登場。また、『古事記』の注釈書である『古事記伝』には、その名前は「少ない（小さい）」で、オオクニヌシ（大きい）と対になっていると指摘されている。

温泉や酒と関わりが深い

『伊予国風土記』によれば、オオクニヌシが病で倒れた際、スクナビコナは速見の湯を運び、オオクニヌシを入浴させて病気を治療した。また、酒造りの技術を世に広めたのもスクナビコナで、神功皇后がスクナビコナを酒の神様として詠ったこともある。そのため、古くから酒の神様としても信仰されてきた。

人々の生活に欠かせない酒は、スクナビコナがもたらしたものだ。

カムムスヒノカミの子供

スクナビコナは、造化三神の1柱であるカムムスヒの子。ただ、オオクニヌシが初めて出会ったときは、誰もその正体を知らず、クエビコに尋ねることで判明した。のちにカムムスヒが命じたことで国作りを手伝うようになる。

カムムスヒノカミ（P.022）

『御伽草子』に描かれた一寸法師

小さな体にとてつもない力を秘めていたことからスクナビコナは「一寸法師」のルーツと考えられている。これは身長が一寸（3センチ）しかない子供が、その体格を活かして鬼を退治するというおとぎ話。話の内容にはいくつかのバリエーションが存在するが、その主人公はスクナビコナがモデルだという。

中世の物語集『御伽草子』に掲載された「一寸法師」。

江戸時代の浮世絵師・歌川国芳が描いたスクナビコナ。

常世国への行き方とは？

国作りを手伝っていたスクナビコナは、ある日突然、常世国に渡ってしまう。これは川で溺れてこの世を去った、あるいは草（粟）に弾かれて常世まで飛んでいったなど、諸説存在する。

薬の神として信仰を集める

酒は古くから薬としても用いられてきた。そのため、酒の神である彼を医薬の神として祀る神社も多い。

能力データ

- 登場 4
- 慈愛 4
- 名高さ 4
- 霊力 5

illustration：ナチコ

クエビコ

久延毘古

属性：田の神／学業の神など　ご利益：収穫／進学など
神社：久延彦神社（奈良県桜井市）

カカシを神格化した神様。一般的には田畑や農業、土地の神として祀られているが、知識が豊富なことから学業や知恵の神としても信仰される。『古事記』に記されたオオクニヌシの「国作り」の話では、誰もその名を知らないスクナビコナの正体をオオクニヌシに教えた。クエビコが博識だった理由は諸説あるが、田んぼでじっと世間を観察しているため、あるいは田んぼに飛んでくる鳥から情報を得ていたためだといわれている。

第4章　出雲神話　Myths of Izumo

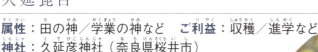
農業

カカシを神格化した田の神

カラスなどの害獣を近寄らせないために設置するカカシは、その形状から田畑の神の依代とも考えられてきた。地域によっては使い終わったカカシを供養することもある。

能力データ
登場 3
慈愛 4
名高さ 3
霊力 4

illustration：竜胆ヒマワリ

オオモノヌシノカミ
大物主神

属性：国造りの神／農業の神／医療の神　ご利益：産業開発／方除／交通安全／縁結び　神社：大神神社（奈良県桜井市）

　奈良県の大神神社の祭神で、日本神話にも頻繁に登場する。オオクニヌシの国作りの話では、自身を三輪山に祀ることと引き換えに、突然消えてしまったスクナビコナに代わって、オオクニヌシと国作りを行った。この三輪山は、かつては三諸山と呼ばれていた。酒の神としても信仰を集めている。

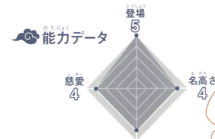

能力データ
- 登場 5
- 名高さ 4
- 霊力 4
- 慈愛 4

酒の神としても信仰される
現代でも造り酒屋では、スギの葉（穂先）を集めた杉玉を軒先に吊るす風習がある。これは酒の神でもあるオオモノヌシが杉に宿ると考えられていたためだ。

illustration：ナチコ

カムオオイチヒメ
神大市比売

属性：市場の神／五穀の神　ご利益：商売繁盛／開運招福
神社：市比賣神社（京都府京都市下京区）

オオヤマツミの子で、スサノオと結婚し、ウカノミタマやオオトシノカミを生んだ。その神名は「神々しいほど立派な市」という意味だが、本来は山や穀物に関わる神だったと考えられている。

市場を神格化した神様

山や森で採れた食べ物などを交換していた市場。これが商業の場として発展したことで、山や穀物に馴染み深いカムオオイチヒメの神格も変化したのだろう。

illustration：藤川純一

オオトシノカミ
大年神

属性：農業の神／穀物の神　ご利益：五穀豊穣／家内安全／諸産業隆昌
神社：下谷神社（東京都台東区）

スサノオとカムオオイチヒメの子で、収穫の神。「歳（年）」は「稔り（実り）」を意味し、その名前は「偉大な稔りの神」である。年に1回収穫を迎えるので1年を「一歳」ともいう。

歳神と同一視される

オオトシノカミは、正月に来訪する稲作の神「歳神」と同一視される。新年を迎える際に松飾りや供え餅を置く風習があるが、その原点も歳神信仰だという。

illustration：竜胆ヒマツリ

ウカノミタマノカミ
宇迦之御魂神

属性：穀霊の神／商工業の神　**ご利益**：五穀豊穣／産業興隆／商売繁盛／家内安全／芸能上達
神社：伏見稲荷大社（京都府京都市伏見区）

農業

　スサノオとカムオオイチヒメの子で、五穀豊穣を司る農業の神。「ウカノミタマ」よりも、別名の「お稲荷さん（稲荷神）」という名前のほうがよく知られている。イナリは稲荷神社の総本社である伏見稲荷大社をはじめ、全国4万以上の神社で祭神として祀られている。非常に人気・知名度が高い神様だ。

神社のキツネは神様ではなく神使

稲荷と聞いて狐を思い浮かべるひとも多いが、狐はウカノミタマに付き従う神使に過ぎない。ただ、伏見稲荷大社では狐を「命婦神」という神として扱っている。

能力データ
- 登場 4
- 名高さ 5
- 霊力 5
- 慈愛 3

その名前は稲に宿る霊を表す

「宇迦」は穀物・食物、「御」は「神聖」、「魂」は「霊」を意味し、稲に宿る霊を表している。

illustration：池田正輝

オキツヒコノカミ・オキツヒメノカミ
奥津日子神・奥津比売神

属性：かまどの神／火の神　ご利益：火伏せ／除災
神社：神谷神社（香川県坂出市）

illustration：池田正輝

『古事記』に登場するかまどの神様。「奥」は「熾火（赤く熱した炭火）」を指している。昔は簡単に火を起こせる道具がなかったので、かまどなどで熾火を絶やさないようにすることは重要だった。また、かまどは人間が生きるうえで欠かせない食事を作る場所であり、神聖視されていた。そのため、炉やかまどなどを守護する彼らは、家の守り神ともいえる。

能力データ
登場 1
名高さ 1
霊力 3
慈愛 3

第4章 — 出雲神話 Myths of Izumo

オオヤマクイノカミ
大山咋神

属性：比叡山の地主神／天台宗の護法神／諸産業振興の神
ご利益：諸産業繁栄／家系繁栄　神社：日吉大社東本宮（滋賀県大津市）

illustration：中山けーしょー

神名の「咋」は地面に打ち込む「杭」のことで、山に杭を打ち、そこが所有地だと明言することを表す。丹波国の伝承よれば、かつて丹波国は湖に沈んでいたが、この神が湖を切り開いたことで、ひとが住めるようになったそうだ。本来は土着の山神に過ぎなかったが、天台宗と結びつき、山王信仰の原点となったことで、広く信仰されるようになる。

能力データ
登場 3
名高さ 3
霊力 3
慈愛 4

106

アメノワカヒコ
天若日子

属性：穀物神　ご利益：農業守護
神社：我孫子神社（滋賀県愛知郡）

　葦原中津国を譲り渡すようにオオクニヌシを説得すべく、使者として地上に降りた神。しかし、オオクニヌシの娘であるシタテルヒメと結婚し、その役割を放棄して音信不通となった。神々は連絡役として雉の鳴女を派遣するが、アメノサグメにそそのかされたアメノワカヒコは、この雉を射殺してしまう。

天津神から授かった弓矢

地上に降り立つ際に、タカミムスヒから授かった弓矢。矢は天羽々矢、弓は天之麻迦古弓と呼ばれている。

illustration：池田正輝

『御伽草子』の物語は七夕の起源のひとつ

『御伽草子』に載っている「天稚彦物語」は、年に一度しか会えない夫婦の物語で、七夕の起源のひとつとされる。

能力データ
登場 2
名高さ 4
霊力 2
慈愛 2

農業

107

コトシロヌシノカミ
事代主神

預言者・巫女

属性：託宣神／海の神／福神　ご利益：五穀豊穣／海上安全／漁業の守護
神社：美保神社（島根県松江市）／今宮戎神社（大阪府大阪市）／三島大社（静岡県三島市）

オオクニヌシとカムヤタテヒメの子で、託宣の神として知られる。その名前には「言葉を代わりに述べる者」という意味があり、「国譲り」でもオオクニヌシの言葉を代弁していた。また、コトシロヌシは七福神の1柱である恵比寿を視覚化した神ともいわれている。

能力データ
- 登場 3
- 名高さ 5
- 霊力 4
- 慈愛 3

コトシロヌシノカミが苦手なもの

コトシロヌシは妻であるミホツヒメのもとに通っていた際、ニワトリのせいでサメに手を噛まれたことがある。この逸話から、コトシロヌシはニワトリが苦手だと考えられている。

illustration：ナチコ

第4章 ― 出雲神話 Myths of Izumo

タケミナカタノカミ
建御名方神

属性：軍神／農耕神／狩猟神　**ご利益**：五穀豊穣／諸願成就／開運招福
神社：諏訪大社（長野県諏訪市）

オオクニヌシとヌナカワヒメのあいだに生まれた御子神という伝承がある。1000人で運ぶ大岩をひとりでもつほどの怪力を誇った。『古事記』の「国譲り」の話では、高天原から派遣されたタケミカヅチに相撲を挑んでいる。惜しくもこの勝負には敗れたが、諏訪大社の縁起では、ほかの土地からやって来て、土着の神を倒したという勇ましい逸話が残っている。

戦国武将にも信仰された
武神タケミナカタノカミ

軍神であるタケミナカタは、とくに武人からの人気が高かった。信仰していた有力武将としては、武田信玄が挙げられる。

能力データ
- 登場 2
- 名高さ 5
- 霊力 5
- 慈愛 3

illustration：七片藍

アヂスキタカヒコネノカミ

阿遅志貴高日子根神

属性：雷神／農業の神　ご利益：病気平癒／大祓い
神社：都々古別神社（福島県東白川郡）

『古事記』でオオクニヌシの子とされている神。鋤を御神体とした農耕神であり、慈雨をもたらす雷神でもある。アメノワカヒコと容姿が似ていたため、その葬儀に参加した際、彼と間違われた。死者扱いされたことに激怒したアヂスキタカヒコネは、アメノワカヒコの死体が安置してあった喪屋を剣で切り倒してしまう。雷神ゆえに荒々しい性格だったのだろう。

能力データ
- 登場 2
- 名高さ 4
- 霊力 5
- 慈愛 3

illustration：池田正輝

シタテルヒメノミコト

下照比賣命

属性：なし　ご利益：安産
神社：倭文神社（鳥取県東伯郡）

オオクニヌシの娘で、アヂスキタカヒコネの妹。高天原から派遣されたアメノワカヒコと結婚するが、彼は天に背いたことで命を落とす。

能力データ
- 登場 1
- 名高さ ③
- 霊力 ④
- 慈愛 4

illustration：月岡ケル

アメノサグメ

天佐具売

属性：占いの神　ご利益：なし
神社：なし

結果的にアメノワカヒコを死に追いやった女神。神の使いの雉の声が悪いから殺してくれとアメノワカヒコにねだる素直な性格。

能力データ
- 登場 1
- 名高さ ③
- 霊力 ③
- 慈愛 1

illustration：ナチコ

第5章
日向神話
Myths of Himuka

第5章 日向神話
相関図

アメノウズメと問答を繰り広げたのち、ホノニニギの案内役を買って出る。

サルタビコノカミ (P.118) → 先導役を務める →

娘を差し出す →

推薦 →

ともに地上へ →

結婚 →

ホノニニギノミコト (P.116)

高天原の神々

アメノオシホミミノミコト (P.072)

五伴緒
- イシコリドメノミコト (P.077)
- タマノオヤノミコト (P.080)
- フトダマノミコト (P.080)
- アメノウズメノミコト (P.082)
- アメノコヤネノミコト (P.084)

その他
- オモイカネノカミ (P.078)
- アメノタヂカラオノカミ (P.081)
- アメノイワトワケノカミ (P.119)

アマテラスは葦原中国を治めるように、アメノオシホミミに命じるが、彼は自分ではなく子であるホノニニギを地上に降ろすことを提案。これが承諾され、ホノニニギは地上に降りることとなった。このとき、お供に選ばれた5柱の神は「五伴緒」と呼ばれている。

ホデリノミコト (P.122)

ホスセリノミコト (P.123)

対立

シオツチノカミ (P.127)

兄ホデリから借りた釣り針を失くして困っていたホオリに対し、オオワタツミがいる海底の宮殿に向かうように助言した。

第5章 日向神話 Myths of Himuka

日向神話は、日向三代と呼ばれる3柱の神様、ホノニニギ、ホオリ、ウガヤフキアエズを中心に物語が展開される。高天原の最高神たるアマテラスの命を受けたホノニニギが、天降って葦原中国を治める「天孫降臨」、ホデリとホオリの権力闘争ともいえる兄弟喧嘩を描いた「海幸彦と山幸彦」は、日本神話のなかでも、とくに有名なエピソードだ。

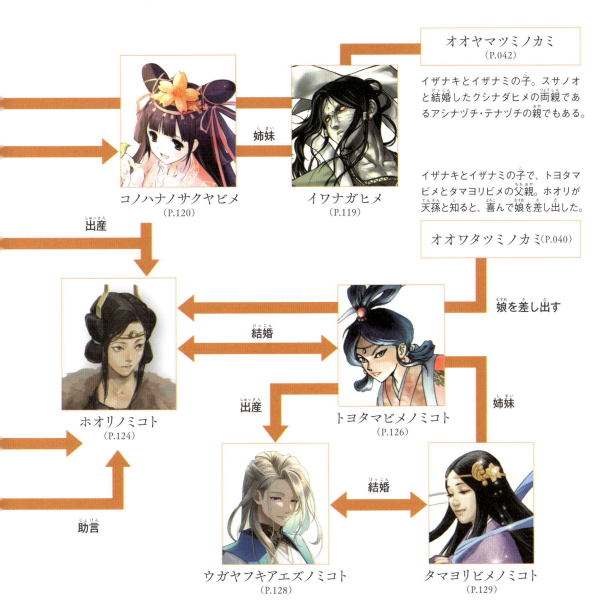

第5章 日向神話
物語

【天孫降臨】

天孫一行が高天原から地上に降り立つ

　天津神に葦原中国が譲られると、高天原を統べるアマテラスとタカミムスヒは、アメノオシホミミに、天降って地上に統治するように命じる。しかし、彼は自分の子であるホノニニギを推薦した。この神は、アマテラスとタカミムスヒの双方にとって孫にあたるため、ふたりはホノニニギを可愛がり、葦原中国の統治も任せることにした。

　アマテラスから授かった三種の神器を携え、ホノニニギは何柱かの神とともに地上に降り立った。そこは良い土地だったので、宮殿を建てて住むことにした。こうして天孫による葦原中国の統治が始まったのである。

コノハナノサクヤビメと結婚して子をもうける

　降臨したホノニニギは笠沙の岬で、コノハナサクヤビメという美しい娘と出会う。ホノニニギはすぐに求婚するが、彼女は父のオオヤマツミに聞いてほしいと答えた。ホノニニギが遣いを出すと、オオヤマツミは大喜びし、たくさんの品物に加え、姉のイワナガヒメも一緒に差し出すことにした。しかし、姉はホノニニギの好みに合わず帰された。父神は「姉は岩のように長い命を、妹は花のように栄えるようにと願って嫁入りさせたのに」と嘆いた。

　こうして結ばれたふたりは、一夜の契りを交わすが、コノハナサクヤビメは、すぐに身ごもった。たった一夜でと不審に思ったホノニニギは、自分ではなく国津神の子だろうと疑った。その言葉に激怒したコノハナサクヤビメは、産屋となる御殿の戸を塞ぎ、「もし国津神の子ならば、無事ではないだろう。逆に天津神の御子ならば無事に生まれるであろう」と誓って火を放った。

　無事に生まれた3柱の兄弟神は、ホデリ、ホスセリ、ホオリと名付けられ、「海幸彦と山幸彦」の物語につながる。

【海幸彦と山幸彦】

些細なことから生じた兄弟の確執

コノハナサクヤビメが生んだ3柱の御子のうち、長男のホデリは海幸彦として魚を取り、三男のホオリは山幸彦として獣を狩って暮らしていた。あるときホオリは、お互いの猟具を交換することを兄のホデリに提案。短時間であればと、ホデリはこれを承諾した。釣り針を手にしたホオリは、さっそく漁に出かける。しかし、けっきょく1匹も釣れることはなく、釣り針もなくしてしまうのだった。困り果てたホオリは、十拳剣を砕いて500の釣り針を作り、それを兄に返そうとするが、ホデリは受け取らず、もとの釣り針を返せと弟を責め立てた。

生涯の伴侶と出会い釣り針も取り戻す

ホオリが海辺で嘆いていると、シオツチがやって来て理由をたずねるので、事情をすべて説明した。するとシオツチは竹籠の船を造り、ホオリを乗せて海神であるオオワタツミの宮殿に向かわせた。

宮殿に着いたホオリは、そこでオオワタツミと、その娘であるタマヨリビメと出会う。オオワタツミはホオリが天津神の御子だとすぐに見抜き、タマヨリビメを嫁がせた。それから3年間、ホオリは海神の宮殿で暮らすが、あるとき釣り針のことを妻に打ち明け、オオワタツミに相談するよう促される。話を聞いたオオワタツミが、魚たちを集めて尋ねると、赤鯛の喉に釣り針が引っかかっていることがわかった。

釣り針をようやく見つけたホオリは、3年ぶりに地上の世界に帰り、兄のホデリに釣り針を返却する。その後、オオワタツミから授かった潮満珠・潮乾珠という神具を使い、ホデリを屈服させ、兄弟間の争いに終止符をうった。

愛する妻が海へ帰り物語は次なる舞台へ

ホオリの子を身ごもったトヨタマビメは、天津神の子を海中で生むべきではないと考え、地上にやって来る。そして海辺の渚に産屋を作り始めるが、完成前に産気づいたため、作りかけの産屋で産むことにした。

トヨタマビメは「子を生むときは本来の姿に戻るので、なかを見ないでください」と頼むが、ホオリは我慢できずに、なかを覗いてしまう。真の姿を見られた彼女は恥ずかしくなり、産んだばかりの子を置いて海に帰ってしまった。この御子はウガヤフキアエズと名づけられ、のちにタマヨリビメと結婚し、4柱の子をもうけた。その末子であるワカミケヌ(イワレビコ)こそが、初代神武天皇となる。

ホノニニギノミコト
番能邇邇芸命

属性：稲作の神　**ご利益**：五穀豊穣／国家安泰／家内安全
神社：高千穂神社（宮崎県西臼杵郡）

『古事記』のエピソードのひとつである「天孫降臨」の主人公。高天原の司令官タカミムスヒと、主宰神アマテラスの孫にあたる、由緒正しき神様だ。「天孫降臨」では、父アメノオシホミミに代わってアメノウズメやオモイカネなど、何柱かの神を伴って地上に降臨する。地上に降りたホノニニギは、現在の宮崎県や鹿児島県など、南九州の各地に宮殿を建設し、葦原中国を治めた。

日向三代の一代目

日向を舞台にした神話は、ホノニニギと、その子であるホオリ、孫であるウガヤフキアエズを中心に物語が展開される。彼らは「日向三代」と呼ばれる。

ホオリノミコト
（P.124）

ウガヤフキアエズノミコト
（P.128）

ホノニニギノミコト夫婦の墓

宮崎県西都市の西都原古墳群のなかには、男狭穂塚古墳・女狭穂塚古墳と呼ばれる大きな古墳がある。これはホノニニギとコノハナサクヤビメの陵墓とされ、宮内庁の陵墓参考地に指定されている。とくに女狭穂塚古墳は、九州最大の前方後円墳であり、注目されている。なお、陵墓に指定されているのは、鹿児島県内にある山陵のほうだ。

天孫が降臨した高千穂

高天原を出発したホノニニギは、筑紫国の高千穂の久士布流多気に天降った。この高千穂がどこを指すのか諸説あるが、最も有力なのは九州だ。実際に宮崎県には、高千穂という地名が残っているほか、天岩戸と伝わる場所も存在する。

最高神から授かった三種の神器が表すもの

地上の王は、王であることを証明する宝器をもつ。アマテラスやスサノオら神の行為から生まれた三種の神器をもち伝えるのは、地上の支配者（天皇）であることの証なのだ。

能力データ

- 登場 5
- 名高さ 5
- 霊力 5
- 慈愛 3

illustration：伊吹アスカ

三種の神器の所在

地上に降りる際、ホノニニギはアマテラスから八尺瓊勾玉、八咫鏡、草薙剣を授けられた。これらの品は、それぞれ皇居、伊勢神宮、熱田神宮に御神体として祀られている。

サルタビコノカミ
猿田毘古神

交通

属性：太陽神／稲作の神／道の神　**ご利益**：交通安全／夫婦和合／安産／長寿祈願　**神社**：猿田彦神社（三重県伊勢市）

稲作の神、道の神として知られる神様。ホノニニギが天降ろうとしたとき、高天原と葦原中国を照らす神がいた。アマテラスとカミムスヒがアメノウズメに問いただませると、その神はサルタビコと名乗り、ホノニニギの先導役を買って出たのである。サルタビコは役目を終えたあと、すぐに姿を消してしまったため、ほかにどのような活躍をしたのかは謎に包まれている。

第5章｜日向神話　Myths of Himuka

能力データ
- 登場 5
- 名高さ 4
- 霊力 3
- 慈愛 3

サルタビコノカミが描かれた墨画

ホノニニギを地上に案内したあと、姿を消したサルタビコ。どこかで平和に暮らしていると思いきや、漁の最中に貝に手を挟まれ、溺死したと『古事記』は伝える。

illustration：七片藍

ヨロズハタトヨアキツシヒメノミコト
萬幡豊秋津師比売命

属性：織物の神　ご利益：縁結び
神社：亀山神社（広島県呉市）

illustration：月岡ケル

生命力を司るタカミムスヒの娘で、アメノオシホミミの妻。「天孫降臨」の主人公ともいえるホノニニギの母でもある、重要な役割を担った神様だ。神名の「萬幡」は「多くの機織り」、「豊秋津」は「稲が豊かに実ること」。いずれにせよ機織りや織物に関係が深い神といえる。そのため、この神様は七夕祭りの織姫・棚機姫といわれ、織物の神様として信仰された。

能力データ
- 登場 3
- 名高さ 4
- 霊力 2
- 慈愛 3

アメノイワトワケノカミ
天石門別神

属性：山の神／石の神／宮城の門の守護者　ご利益：災厄除け／家内安全
神社：天岩門別神社（岡山県美作市）

古来より天皇の宮殿の四方の門に祀られていた神で、悪霊や病気などのよくないものが異界から入ることを防いでいる。

能力データ
- 登場 3
- 名高さ 2
- 霊力 4
- 慈愛 3

illustration：日田慶治

イワナガヒメ
石長比売

属性：岩の女神　ご利益：長寿
神社：大室山浅間神社（静岡県伊東市）

オオヤマツミの娘で、コノハナサクヤビメの姉。ホノニニギに嫁ぐが、妹ほど美しくなかったため、実家に送り帰されてしまう。

能力データ
- 登場 2
- 名高さ 2
- 霊力 4
- 慈愛 4

illustration：七片藍

コノハナノサクヤビメ
木花之佐久夜毘売

属性：酒解子神／妻の守護神　**ご利益**：縁結び／子授け／安産／山火事鎮護
神社：全国の浅間神社（約1300社）

　コノハナサクヤビメは、日本全山の総元締めであるオオヤマツミの娘。笠沙の岬でホノニニギと出会い、すぐに結婚。一夜の契りを交わし身ごもるが、ホノニニギは「ほかの神の子ではないか」と不審がる。貞操を疑われたコノハナサクヤビメは、お腹の子が夫の子であることを証明するために、産屋に火を放って出産に望んだ。富士信仰では、のちに富士山に鎮座して浅間大菩薩となったと伝わる。

🌥 酒造の神としての一面も

ホノニニギがもってきた稲籾の稲で、御神酒の元祖となる酒（甘酒）を作っていたことから、彼女を酒造の神として崇めている神社もある。

🌥 植物に関連する名前

その神名にある「木花」は「桜の花」、「佐久」は「咲く」、「毘売」は「女性」のことで、「桜の花のように美しく咲き誇る女性」を表す。『古事記』には、コノハナサクヤビメという名は別名として記されており、本来の名は神阿多都比売だという。ちなみに、姉妹には木花知流比売という神様も存在する。その名の通り「桜の花が散る」という意味だ。

兄妹には有名な神様が

兄弟にはクシナダヒメの両親であるテナヅチ・アシナヅチ、スサノオと結婚したカムオオイチヒメなどがいる。

🌥 浅間神社の主祭神

コノハナサクヤビメは、全国に1300社以上存在する浅間神社で主祭神として祀られる。彼女単体ではなく、夫のホノニニギとともに祀っている神社も多い。

第5章｜日向神話　Myths of Himuka

illustration：双羽純

121

ホデリノミコト
火照命

属性：稲穂の神／漁業の神　**ご利益**：豊魚／豊作守り
神社：潮嶽神社（宮崎県日南市）

自然

ホノニニギとコノハナサクヤビメの子で、ホスセリやホオリの兄。母のコノハナサクヤビメは産屋に火をかけて出産に臨み、その火の燃え始めに誕生した。「海幸彦と山幸彦」の物語の結末で、弟ホオリの守護神となり、生涯仕えることになった。

第5章 ― 日向神話　Myths of Himuka

隼人の祖神 でもある

『古事記』などには、海幸彦は九州南部（鹿児島県本土）に暮らしていた隼人族の先祖と記されている。

稲穂に関係する神

名前の「火」には「穂」の意味もあり、「照」は「照り」で、穂が赤く熟すことを表しており、稲穂の神と見られることも。

能力データ
登場 5
名高さ 5
霊力 3
慈愛 4

illustration：池田正輝

122

ホスセリノミコト
火須勢理命

属性：稲穂の神　**ご利益**：五穀豊穣
神社：隼人神社（岐阜県山県市）

　ホノニニギの子である3兄弟の次男。母のコノハナサクヤビメは、産屋に火を放ち出産に臨んだ。火が燃え出すと長男、火勢が増すと次男、火が衰えると三男が生まれたことが、兄弟たちの名前の由来となっている。兄と同じく、「火」には「穂」という意味があり、ホスセリもやはり農業に関する神と考えられている。

能力データ
- 登場 2
- 名高さ 3
- 霊力 3
- 慈愛 3

ホデリノミコトと同一神という見方も

『日本書紀』では、ホデリの功績がホスセリの功績として書かれていたり、ホスセリが長男として登場する伝えがあったことも記録している。

illustration：中山けーしょー

ホオリノミコト
火遠理命

属性：稲穂の神　**ご利益**：五穀豊穣／豊魚／安産／一家繁栄
神社：青島神社（宮崎県宮崎市）

ホノニニギとコノハナサクヤビメの子で、3兄弟の三男。「海幸彦と山幸彦」の物語の主人公であり、そのなかで兄ホデリをこらしめて葦原中国の支配者となった。海神の娘であるトヨタマビメと結婚し、イワレビコ（神武天皇）の父となるウガヤフキアエズをもうける。

神話や民間伝承でよく見る「見るなの禁（タブー）」

ホオリの妻トヨタマビメは、出産する際に産屋を覗かないように言いつけた。これは子を産む際、本来の姿に戻る必要があり、それを夫に見られたくなかったためだ。しかし、ホオリはこの約束を破ってしまったので夫婦は離別することになる。「雪女」や「鶴の恩返し」など、ほかの伝承にも似たような話は存在し、これらは総じて「見るなの禁」と呼ばれている。

文献によって名前は異なる

『古事記』には火遠理命などと記されているが、『日本書紀』では彦火火出見尊など、呼び名は複数存在する。「火遠理」の「火」は「穂」、「遠理」は「折り」で、稲が実って折れたわむ様子を表しており、兄のホデリと同じく、ホオリも稲穂の神と考えられている。

墓所である高屋山上陵

鹿児島県霧島市には、宮内庁がホオリの陵と定める高屋山上陵が存在する。その敷地面積は約53000平方メートルというからかなり広大だ。

鹿児島神宮に祀られるホオリノミコト

鹿児島県霧島市にある鹿児島神宮は、かつてホオリが住んでいた宮殿を神社にしたものと伝え、この近くには、彼の墓にあたる高屋山上陵が存在する。

タマヨリビメノミコトとも結婚した？

『先代旧事本紀』では、トヨタマビメの妹であるタマヨリビメとも結婚し、子供をもうけている。

能力データ

- 登場 5
- 名高さ 5
- 霊力 3
- 慈愛 3

illustration：池田正輝

トヨタマビメノミコト
豊玉毘売命

属性：縁結びの神　**ご利益**：子授かり／子育て／開運厄除け／安産／殖産興業
神社：青島神社（宮崎県宮崎市）

山幸彦として知られるホオリの妻。真の姿は和邇で、トヨタマビメは正体を隠してホオリと結婚するが、出産の際に和邇の姿に戻ったところを見られてしまう。これを恥ずかしく思った彼女は、生まれたばかりのウガヤフキアエズを妹のタマヨリビメに任せ、実家に帰ってしまった。生まれたばかりの我が子を置いて実家に帰ってしまったトヨタマビメだが、安産や子供にまつわるご利益があるとされ、現在も山中諏訪神社や下鴨神社などで祀られている。

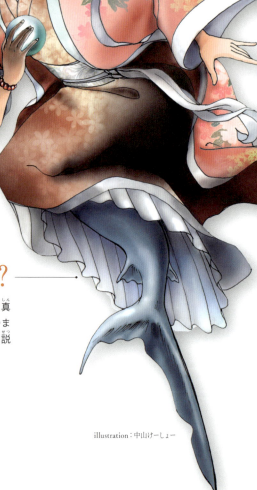

真の姿は和邇？

海神の子であるトヨタマビメの真の姿は和邇だった。和邇はそのままワニとする説と、サメとする説が存在する。

能力データ

- 登場 4
- 名高さ 3
- 霊力 3
- 慈愛 4

illustration：中山けーしょー

出産に必要だった産屋

当時は出産に際し、血の穢れを避けるため、産婦を外界から隔離する産屋が建てられた。同時に出産は女性による神聖な行為でもあり、産屋は聖域としての性格もあった。ホオリはなかを覗き、聖域を穢したことになる。禁忌を犯したのだから、トヨタマビメと別れることになったのも無理はないといえよう。

妹タマヨリビメノミコトに幼い我が子を託す

浮世絵に描かれたトヨタマビメと、その妹であるタマヨリビメ。実家に帰ったトヨタマビメは、地上に行って自身の代わりに子供を育ててほしいと妹に頼んだ。

姉に頼まれたタマヨリビメは、ウガヤフキアエズの養母となり、のちに結婚して妻となった。

シオツチノカミ
塩椎神

属性：海の神／潮の神／呪術・予言の神　**ご利益**：海上安全／延命長寿／家内安全／大漁／製塩　**神社**：青島神社（宮崎県宮崎市）

兄に借りた釣り針をなくして困っていたホオリに、オオワタツミの宮殿に行くように導いた神。神名の「塩椎」は「潮ツ霊」や「潮ツ路」を表しており、潮流を司る神あるいは航海の神と考えられている。『日本書紀』では、国の統治に適した地を探していた神武天皇に「東に向かうといい」と助言してもいる。神々のアドバイザー的な存在といえよう。

能力データ
- 登場：4
- 名高さ：4
- 霊力：3
- 慈愛：2

illustration：米谷尚展

ウガヤフキアエズノミコト

鵜草葺不合命

農業

属性	農業の神
ご利益	農業守護／夫婦和合／安産守護／開運／延命長寿／武運守護／芸道上達
神社	鵜戸神宮（宮崎県日南市）

第5章 日向神話 Myths of Himuka

　ホオリとトヨタマビメの子供。その名前は、彼が生まれたときの逸話に由来する。トヨタマビメは出産にあたり、鵜の羽を葺き草にした産屋を作ろうとした。しかし、完成前に産気づき、子が生まれてしまったため、「鵜草葺き合えず」と名付けられたわけだ。その後、この神はタマヨリビメに育てられ、やがて彼女と結婚し、4柱の子をもうけた。

能力データ

- 登場 2
- 名高さ 1
- 霊力 5
- 慈愛 4

古くから日本に生息する鵜

　鵜はカツオドリ目に分類される中型の鳥。世界各地に分布し、日本にもカワウなどが生息している。また、飼育された個体が鵜飼いに用いられることもある。

illustration：ナチコ

タマヨリビメノミコト

玉依毘売命

属性：水の神　ご利益：子授け／安産／五穀豊穣／豊漁／商売繁盛／厄除け
神社：賀茂御祖神社（京都府京都市左京区）

　トヨタマビメの妹。ウガヤフキアエズの養母となり、のちに彼と結婚して妻となった。夫とのあいだに4柱の神をもうける。

能力データ
登場 3／名高さ ―／慈愛 5／霊力 4

illustration：藤川純一

イツセノミコト

五瀬命

属性：農業の神　ご利益：なし
神社：安仁神社（岡山県岡山市）

　ウガヤフキアエズとタマヨリビメの長男。イワレビコの東征に同行するが、ナガスネビコという豪族と戦った際に流れ矢を受けて命を落とす。

能力データ
登場 3／名高さ ―／慈愛 3／霊力 4

illustration：藤川純一

イナヒノミコト

稲氷命

属性：海の神　ご利益：なし
神社：安仁神社（岡山県岡山市）

　ウガヤフキアエズとタマヨリビメの次男。イツセが戦死したあと、海上で暴風雨に見舞われ、絶望した彼は海に身を投げてしまう。

能力データ
登場 1／名高さ 2／慈愛 3／霊力 3

illustration：日田慶治

ミケヌノミコト

御毛沼命

属性：農業の神　ご利益：なし
神社：安仁神社（岡山県岡山市）

　ウガヤフキアエズとタマヨリビメの三男。「母や叔母は海の神なのに、なぜ波風を立てて我々を攻めるのか」と嘆き、自ら命を絶った。

能力データ
登場 2／名高さ 3／慈愛 3／霊力 3

illustration：佐藤仁彦

COLUMN ❷

《神の使いたる動物たち》

神社で目にする動物は神様の使いかも？

神社の入口でよく狛犬を目にするが、ほかにも境内や参道にいろいろな動物の像が置かれていたり、動物が飼われていたりする。これらは「神使」と呼ばれる神様の使いで、その眷属と考えられている。伏見稲荷大社の狐、厳島神社や春日大社の鹿が有名だが、神社ごとにさまざまな動物を神使と定めている。神使とされるおもな動物を下にまとめたので、それぞれの由来などを知っておこう。

神社に動物の石像などが置いてあったら、それがその神社の神使である可能性が高い。

猪

奈良・平安時代の貴族である和気清麻呂が猪に助けられた故事が起源。彼が主祭神である護王神社などで神使とされる。

兎

住吉大社や調神社の神使。前者は創建が211年卯年卯月卯日だから、後者は兎が社名と同じ月の使いとされるためだ。

牛

太宰府天満宮などの神使。祭神たる菅原道真の亡骸を牛車が運んでいたとき、牛が動かなくなったという故事に由来。

馬

古来より馬は神様の乗り物と考えられ、「神馬」と呼んで大切にしていた。そのため、伊勢神宮などで神使としている。

狼

東征の際、道に迷ったヤマトタケルを白狼が導いた逸話がある。これに由来し、武蔵御嶽神社などで神使とされている。

鳥

神武東征に登場する八咫烏に由来。日本古来のミサキ鳥信仰が関係するとも。熊野三山や諏訪大社の神使となっている。

狐

御饌津神を「三狐神」と書いたこと、あるいは山の神の使いとされたものが稲荷神の使いになったともいわれている。

鹿

主祭神のタケミカヅチが白い鹿に乗ってやってきたことから、春日大社では鹿を神使として扱っている。

第6章 人代
相関図

ウガヤフキアエズノミコト（P.128） ←→ タマヨリビメノミコト（P.129）

結婚

出産 ↓

ウガヤフキアエズノミコト・タマヨリビメノミコトの子供

ウガヤフキアエズとタマヨリビメのあいだには、4柱の男神が生まれた。長男のイツセは、四男のイワレビコに付き従い、ともに東征に赴くが、志半ばで戦死。また、兄イツセの死に絶望し、次男と三男も東征が終わる前に自ら命を絶ってしまった。唯一、生き残った末っ子のイワレビコは、東征を完遂すると初代天皇として即位した。その系譜は現代まで続いている。

長男 イツセノミコト（P.129）
次男 イナヒノミコト（P.129）
三男 ミケヌノミコト（P.129）

四男
カムヤマトイワレビコノミコト（P.136）

高天原の神々

高天原の神々は、天津神の血をひくイワレビコに協力的で、東征成功の立役者でもある。たとえばイワレビコが熊野で荒ぶる神の毒を受けて倒れたときは、タケミカヅチがフツノミタマを派遣。その力で悪神を退けた。また、一行の道中を心配したタカミムスヒは、道案内役として八咫烏を派遣し、イワレビコの東征をサポートしている。

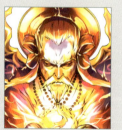
フツノミタマ（P.139）

助力 ↗   仕える ↑

ニギハヤヒノミコト（P.138）

長かった神々の時代も終りを迎え、ついに人間の時代が始まる。物語の主人公となるのは、ウガヤフキアエズの末っ子であるイワレビコ。葦原中国を治めるために東へ向かった彼は、各地を転戦して畿内を平定し、初代天皇として即位。オオモノヌシの娘であるイスケヨリヒメと結婚し、子をもうける。その系譜は途切れることなく、現代の皇室につながる。

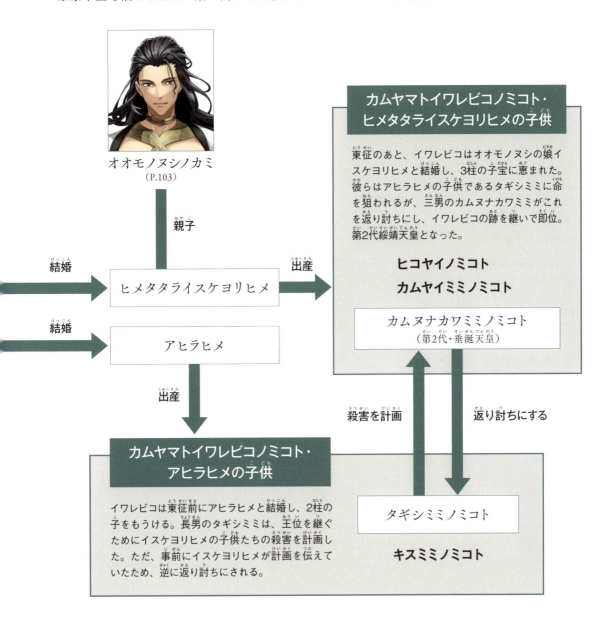

第6章 人代
物語

【神武東征】

幾多の困難を乗り越えて畿内を平定し天皇に

天下をより安らかに治められるよい場所について話し合ったイワレビコと兄のイツセは、東に向かうことを決める。

ふたりは豊国の宇沙で歓迎を受けたあと、筑紫の岡田宮で1年、次に阿岐国の多祁理宮で7年、そのあと吉備の高島宮で8年を過ごした。その後、浪速の渡を通過して白肩津に停泊すると、そこで待ち構えていたナガスネビコの軍勢と戦うことになる。

その最中、矢で射られて大怪我をしたイツセは、「日の神の御子なのに、日と相対するように陣取ったのがよくなかった。日を背にして戦おう」と提案。イワレビコは紀伊半島沿いに南下するが、紀国の男之水門に到着したとき、イツセは先の傷が原因で息絶えてしまう。

紀伊半島の南端に上陸したイワレビコが熊野に着くと、大熊が姿を現し、彼の軍勢は全員失神してしまう。このとき天津神が救いの手を差し伸べ、かつて葦原中国を平定した武神タケミカヅチに助力を求める。彼はイワレビコに神剣フツノミタマを授け、熊野の荒ぶる神を退けさせた。

イワレビコの軍勢が宇陀に進むと、そこにはエウカシとオトウカシの兄弟が待ち構えていた。エウカシは罠を仕掛けていたが、オトウカシがそれをイワレビコに密告したため、エウカシは自らの罠にかかって命を落とすことになった。

続けて宇陀の北にある忍坂で、ヤソタケルと戦いになった。イワレビコは彼らを宴会に招き、刀を隠し持たせた料理人に斬り殺させた。最後にナガスネビコと再戦して兄の敵を討ち、エシキとオトシキという兄弟を討つとき

●神武天皇の東征ルート

には、ニギハヤヒの助けも得て平らげ、ついには畿内を平定したのである。

敵をすべて倒したイワレビコは、畝火（現在の奈良県）の白檮原宮で天皇に即位し、天下を治め始めた。その後間もなく、イワレビコはイスケヨリヒメと結婚。2代目天皇となるカムヌナカワミミが誕生する。

天皇が統治する日本の始まり

イワレビコは東征前にタギシミミとキスミミの2柱をもうけていた。天皇が崩御すると、兄のタギシミミは天皇の座につくために皇后イスケヨリヒメを娶り、カムヌナカワミミらの殺害を企む。しかし、イスケヨリヒメを通してその目論見を知ったカムヌナカワミミに逆に殺されてしまい、彼が第2代天皇として即位することになった。

これ以降の『古事記』の中巻には、歴代天皇の事績や、その時代のおもな出来事が記されている。ただ、第2代綏靖天皇から第9代開化天皇までの8代は、系譜が残るのみで事績は記されておらず、「欠史八代」と呼ばれている。中巻は第15代応神天皇で終わり、第16代仁徳天皇から第33代推古天皇までが下巻に記されている。第24代仁賢天皇以降も、やはり系譜のみで、事績は記されておらず、こちらも「欠史十代」と呼ばれている。ともに長い時間が経ったことを示しているのだろう。

●その後の『古事記（中巻）』の流れ

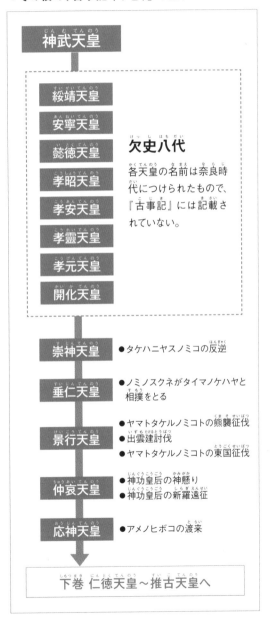

カムヤマトイワレビコノミコト
神倭伊波礼毘古命

自然

属性：建国の神　ご利益：鎮護国家／国家安泰／困難克服
神社：宮崎神宮（宮崎県宮崎市）

　大和朝廷の始祖として知られる初代天皇。『古事記』では「神倭伊波礼毘古命」、『日本書紀』では「神日本磐余彦尊」とされる。『日本書紀』では、シオツチから「国を治めるなら東に行きなさい」と助言を受けたことで、東方にいる豪族たちの征伐に乗り出した。ただ、道中の国々を制圧し、最終的に大和朝廷を築き上げた点は記紀神話で共通している。苦難を乗り越えて国をはじめたことから『日本書紀』では「始馭天下之天皇」と呼んでいる。

カムヤマトイワレビコノミコトとともに描かれる鳥

熊野で悪神に襲われたとき、高天原の神々はフツノミタマのほかに、道案内役に八咫烏も派遣した。この鳥は足が3本生えたカラスのような姿をしており、浮世絵などでイワレビコとともに描かれることも多い。

カムヤマトイワレビコノミコトを救った軍神の剣

東征の道中、熊野を訪れたイワレビコは、悪神に襲われて気を失ってしまう（「死と再生」の物語で、新しく天皇となる身に生まれ変わることを意味する）。しかし、タケミカヅチが神剣フツノミタマをイワレビコに授けたことで、彼は目を覚まし、悪神を退けることができた。フツノミタマは地上に残り、現在は奈良県の石上神宮に鎮座している。

タケミカヅチノオオカミ（P.052）

紀元前660年に初代天皇として即位

イワレビコが即位したのは紀元前660年。それから約80年、神武天皇として大和を治め、127歳で崩御した。

神武という名は後世に生まれた

現在は神武天皇と呼ばれているイワレビコだが、じつはこれは後世の諡号である。「神武」は、奈良時代の文人にして皇族出身の淡海三船が、イワレビコの功績を称えてつけたものといわれる。上の人物画は江戸時代に成立した伝記集『前賢故実』に描かれた淡海三船。

illustration：ナチコ

能力データ

- 登場 5
- 名高さ 5
- 霊力 5
- 慈愛 3

137

ニギハヤヒノミコト

邇藝速日命

自然

属性：太陽神／農業の神　**ご利益**：諸願成就／病気治癒
神社：磐船神社（大阪府交野市）

　『古事記』ではイワレビコがエシキ・オトシキを討つときに「いい加減、腹が減ったぞ。誰か助けにこないかな」と歌うと、宝物を携え、天からイワレビコを追いかけてきて、ナガスネビコの妹と結婚することで戦いを集結させ、イワレビコの偉業を達成させている。一方、『日本書紀』では奈良県の東南部を支配していた豪族ナガスネビコが奉じていた神。大和朝廷を作るために、イワレビコは各地の豪族と戦ったが、とくに抵抗が激しかったのがナガスネビコだ。『日本書紀』では、イワレビコがアマテラスの子孫であることを知り、ニギハヤヒはイワレビコに抵抗するナガスネビコを殺害。その土地と天津神から授かった宝を献上し、イワレビコに下ったとしている。

第6章｜人代 After the age of the Gods

能力データ
- 登場 3
- 名高さ 3
- 霊力 4
- 慈愛 3

白庭山に残るニギハヤヒの墳墓

奈良県の白庭台にあるニギハヤヒの墳墓。ニギハヤヒの子であるウマシマヂは、古代日本の氏族・物部氏などの始祖だ。

illustration：ナチコ

138

アメノカグヤマノミコト
天香山命

属性：農業の神／倉庫の神　ご利益：産業開発／農漁業守護など
神社：彌彦神社（新潟県西蒲原郡）

『記紀』には登場しないが、ニギハヤヒの子で、アマテラスを曽祖父に、ホノニニギを叔父にもつ神。ホノニニギとともに地上に降臨した神の1柱であり、地上では熊野に住んでいた。イワレビコが熊野で悪神に襲われたとき、フツノミタマを届けたのは、この神だという。また、製塩法や網漁を伝えた偉大な神としても信仰されている。

能力データ
登場 2／名高さ 2／霊力 4／慈愛 4

illustration：日田慶治

フツノミタマ
布都御魂

属性：剣の神　ご利益：なし
神社：石上神宮（奈良県天理市）

タケミカヅチが葦原中国を平定する際に用いた霊剣。イワレビコが悪神の毒を受けて倒れたとき、アマテラスはタケミカヅチに救援を要請。しかし、タケミカヅチは自身の代わりにフツノミタマを授け、イワレビコの窮地を救ったのだ。『古事記』と『日本書紀』ではアメノカグヤマではなく、タカクラジという者がフツノミタマを届けた。

能力データ
登場 5／名高さ 5／霊力 5／慈愛 3

illustration：双羽純

139

ヤマトタケルノミコト

倭建命

武芸

属性：武神／農業の神　ご利益：国土平定／縁結び
神社：焼津神社（静岡県焼津市）

　第12代景行天皇の第3子。食事の席に出てこなくなった兄オオウスを連れ出すように、父親に頼まれるが、ヤマトタケルは兄を殺してしまう。その気性の荒さを恐れた天皇は、彼を遠ざける意味でも九州の熊襲兄弟の討伐を命じた。ヤマトタケルは任務を遂行し、その帰路で出雲のイズモタケルも討伐。帰国後に東国の征伐も命じられるが、その最中に命を落としてしまう。

☁ ヤマトタケルノミコトを支えた優しき叔母ヤマトヒメ

ヤマトタケルの叔母であるヤマトヒメは、彼の武勇の影の功労者だ。熊襲征伐のときは、ヤマトタケルは叔母から借りた衣服で女装し、相手の油断を誘ってから倒した。また、東国征伐では、三種の神器のひとつである草薙剣と火打ち石を授かった。これらのアイテムも戦いのなかで大いに役立っている。

月岡芳年が描いた叔母の服で女装したヤマトタケル。

☁ 皇子として生まれ天皇の父となる

第12代景行天皇（右上）の第3子として生まれたヤマトタケルは、第11代垂仁天皇の娘フタジイリヒメと結婚し、タラシナカツヒコをもうける。第13代成務天皇に世継ぎがいなかったため、タラシナカツヒコが第14代仲哀天皇（右下）として即位した。

☁ ヤマトタケルノミコトの本来の名前

「ヤマトタケル」とは熊襲兄弟を倒した際に手に入れた称号で、じつは人名ではない。彼の本来の名前は「小碓命」だ。また、『日本書紀』では「倭建命」ではなく「日本武尊」と書かれている。

☁ 英雄の最期

東国征伐の最中、伊吹山の神を退治しに行ったヤマトタケル。道中で白い猪と遭遇するが、これを神使と勘違いし逃がしてしまう。しかし、この猪こそが伊吹山の神であり、倒し損ねたことでヤマトタケルは大氷雨を浴びせられる。このとき受けた傷がもとで、彼は帰路の途中で息絶えた。

叔母が授けた
三種の神器のひとつ

ヤマタノオロチの体から現れた草薙剣は、三種の神器のひとつで、現在は熱田神宮に安置されている。

能力データ
登場 5
名高さ 5
霊力 5
慈愛 3

illustration：伊吹アスカ

オトタチバナヒメノミコト

弟橘比売命

属性：海の神を祀る巫女の神格化　ご利益：縁結び／献身
神社：走水神社（神奈川県横須賀市）

予言者・巫女

能力データ
- 登場 4
- 名高さ 3
- 霊力 4
- 慈愛 5

ヤマトタケルの妻で、夫の東征にも同行している。東征の道中、走水の海（浦賀水道）が荒れて船が進めなくなると、オトタチバナヒメは自らその身を捧げて海の神を鎮め、夫の進路を切り開く。彼女の犠牲を嘆いたヤマトタケルが「吾妻はや（我が妻よ）」とつぶやいたため、日本の東部を「アヅマ」と呼ぶようになったそうだ。

illustration：中山けーしょー

オキナガタラシヒメノミコト

息長帯比売命

武芸

属性：軍神　ご利益：平定／安全／安産
神社：藤森神社（京都府京都市伏見区）

第14代仲哀天皇の皇后で、神功皇后の名で知られる。神と交感する力をもった巫女であり、夫亡きあと信託を受けて朝鮮半島の新羅へと攻め込んだ。新羅を従えたあとは、高句麗と百済も帰順し、これは「三韓征伐」と呼ばれている。

神功皇后が描かれた紙幣

妊婦でありながら三韓征伐を成し遂げ、帰国後に起きた内乱も鎮めた神功皇后。その功績から、明治時代には女性として初めて紙幣の肖像に採用された。また、彼女の肖像は切手にも用いられている。

能力データ
- 登場 4
- 名高さ 5
- 霊力 4
- 慈愛 5

illustration：日田慶治

第6章 人代　After the age of the Gods

142

ヤマトトモソビメノミコト
夜麻登登母母曽毘売命

農業

属性：なし　ご利益：諸願成就
神社：田村神社（香川県高松市）

illustration：米谷尚展

第7代孝霊天皇の娘。『日本書紀』には、巫女として災害や謀反を予見し、第10代崇神天皇を助けたとある。のちにオオモノヌシと結婚するが、言いつけを破ったことで離別。それを嘆き悲しんだ彼女は局部に箸が刺さって亡くなった。

箸墓古墳の全景写真
彼女が埋葬された箸墓古墳の築造時代が、邪馬台国の女王・卑弥呼の活躍時期と近いため、同一人物説も唱えられている。

能力データ
登場 ③
名高さ ③
霊力 ⑤
美しさ ④

オオキビツヒコノミコト
大吉備津日子命

武芸

属性：武神　ご利益：五穀豊穣／武運長久
神社：吉備津神社

第7代孝霊天皇の子で、ヤマトトモソビメの弟とされる。吉備国（岡山県）を平定し、吉備氏の祖となる。また、吉備国で温羅という鬼を退治した逸話が残っており、その故地も岡山市内に神社として点在している。昔話として有名な「桃太郎」のモデルとも考えられている。

能力データ
登場 ④
名高さ ⑤
霊力 ③
慈愛 ④

illustration：月岡ケル

143

アメノヒボコ
天之日矛

属性：新羅の王子／国土開発の神／農業の神　ご利益：土地開発
神社：出石神社（兵庫県豊岡市）

もとは新羅の王子だが、逃げた妻を追って渡来し、難波を目指すが、神に阻まれてたどり着けず、但馬国でべつの女性と結婚した。

能力データ
登場 4
名高さ 4
霊力 2
慈愛 3

illustration：中山けーしょー

タケシウチノスクネ
建内宿禰

属性：なし　ご利益：忠義／忠誠／長寿
神社：宇倍神社（鳥取県鳥取市）

第8代孝元天皇の孫で、飛鳥時代の有力氏族・蘇我氏の祖先。第13代成務天皇に大臣に任命されて以降、4代の天皇に仕えた。

能力データ
登場 3
名高さ 4
霊力 4
慈愛 5

illustration：七片藍

アツタノオオカミ
熱田大神

属性：剣神／太陽神　ご利益：国土安穏／家紋隆昌
神社：熱田神宮（愛知県名古屋市）

三種の神器である草薙剣を神格化した神。この剣を神体とするアマテラスと同一視されるため、太陽神としての側面ももつ。

能力データ
登場 3
名高さ 3
霊力 2
慈愛 2

illustration：NAKAGAWA

ククリヒメノカミ
菊理媛神

属性：白山の神／農業神　ご利益：五穀豊穣／牛馬安産
神社：白山比咩神社（石川県白山市）

『日本書紀』にのみ登場する女神。ククリヒメは、黄泉国で再会を果たすも喧嘩になってしまった、イザナキとイザナミを仲裁した。

能力データ
登場 1
名高さ 2
霊力 3
慈愛 5

illustration：池田正輝

フツヌシノカミ
経津主神

属性：剣神／武神／軍神　ご利益：出世／開運招福
神社：香取神宮（千葉県香取市）

『日本書紀』に登場する神剣・布都御魂を神格化した神で、フツノミタマとは異なる存在。タケミカヅチと国譲りの使者として地上に降臨した。

能力データ
- 登場：3
- 名高さ：3
- 霊力：5
- 慈愛：2

illustration：磯部泰久

カモワケイカヅチノミコト
賀茂別雷命

属性：治水神／農業の神　ご利益：諸災厄除け／開運
神社：賀茂別雷神社（京都府京都市）

『山城国風土記』の賀茂伝説に登場する神。賀茂別雷神社に祀られている玉依媛と雷神の子で、生まれて間もなく天に登ってしまう。

能力データ
- 登場：3
- 名高さ：2
- 霊力：4
- 慈愛：2

illustration：池田正輝

ノミノスクネ
野見宿禰

属性：相撲の神　ご利益：技芸向上／勝利祈願
神社：野見宿禰神社（東京都墨田区）

垂仁天皇の時代、タイマノケハヤという力自慢と相撲をとった神。また、埴輪の発案者でもある。

能力データ
- 登場：4
- 名高さ：4
- 霊力：2
- 慈愛：4

illustration：佐藤仁彦

ワカヒルメノミコト
稚日女尊

属性：機織りの神／祈雨の神　ご利益：健康祈願／恋愛成就
神社：生田神社（兵庫県神戸市）

『古事記』には神服を織っていた衣服の神、『日本書紀』にはスサノオに驚かされて命を落とす不運な女神として登場する。

能力データ
- 登場：1
- 名高さ：2
- 霊力：2
- 慈愛：3

illustration：日田慶治

145

アメノホアカリノミコト
天火明命

属性：太陽神／農業の神　ご利益：事業守護／機織守護
神社：真清田神社（愛知県一宮市）

アメノオシホミミとヨロズハタトヨアキツシヒメの子で、ホノニニギの兄にあたる。「天孫降臨」ののちにホノニニギと別れ、丹後・丹波地方を開拓した。「穂赤命」など、さまざまな異名をもち、ホノニニギやニギハヤヒ、カモワケイカヅチなどと同一視されている。また、『日本書紀』ではホノニニギ、『播磨国風土記』ではオオクニヌシの子であるといわれている。尾張氏の祖神として扱われている。

能力データ
登場 ③
名高さ ③
霊力 ⑤
慈愛 ③

illustration：藤川純一

ウケモチノカミ
保食神

属性：五穀の神／養蚕の起源神　ご利益：商売繁盛／開運
神社：岩内神社（北海道岩内郡）

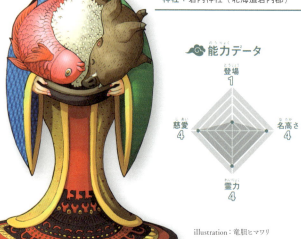

『日本書紀』にのみ登場する神で、天から降りてきたツクヨミの接待役をアマテラスに任された。口から食物を吐き出して振る舞おうとしたが、それを見たツクヨミは激怒し、ウケモチを斬殺してしまう。その死体の各所から牛馬や蚕、稲、ひえといった五穀が生じた。『古事記』ではこれと同じ話をスサノオとオオゲツヒメの物語として伝えている。

能力データ
登場 1
名高さ 4
霊力 4
慈愛 4

illustration：竜胆ヒマワリ

アメノミカゲノミコト
天之御影神

属性：鍛冶の神／刀工の神　ご利益：交通安全／火の神／水の神
神社：御上神社（滋賀県野洲市）

第7代孝霊天皇の時代に滋賀県の三上山に降臨し、周辺地域の氏神となった。安国造の一族によって祀られ、田や水の神として信仰されている。ただ、もとは鍛冶の神であり、金工鍛冶の祖神としても知られる。神話のなかでは神具を作っていた。同じく鍛冶の神であるアメノマヒトツやアマツマラと同一視されることも。前者は『日本書紀』にしか登場しない神だ。

能力データ
登場 2
名高さ 2
霊力 3
慈愛 3

illustration：佐藤仁彦

オオヤツヒメノミコト
大屋都比売神

属性：木種の神／木製品の神　ご利益：林業・建築業守護／船具・住宅守護
神社：大屋都姫神社（和歌山県和歌山市）

スサノオの子で、兄のオオヤビコ（『日本書紀』ではイソタケルノミコト）や妹のツマツヒメと日本中に木々の種をまいた神。この種は高天原からもたらされた、あるいはスサノオの体毛から生じたという説がある。種をまき終えたあとは和歌山県に鎮座した。名前の「屋」は家屋を表し、樹木を使った建造物、薪や炭などの加工品の守護神として信仰されている。

能力データ
登場 2
名高さ 2
霊力 4
慈愛 3

illustration：日田慶治

147

ホムタワケノミコト
誉田別尊

属性：武神／文教の祖神　ご利益：国家鎮護／殖産興業／勝運招待
神社：宇佐神社（大分県宇佐市）／石清水八幡宮（京都府八幡市）／全国の八幡神社

能力データ
- 登場 3
- 名高さ 5
- 霊力 5
- 慈愛 3

ホムタワケはオキナガタラシヒメ（神功皇后）の子で、第15代応神天皇のこと。その名は諱（生前の名）だ。神としては「八幡様」の愛称で知られている。八幡大神はホムタワケが死後に神格化されたもので、第29代欽明天皇の時代に大分県宇佐市に示現した。源氏の氏神として崇められ、その信仰は武芸や弓矢の神として全国に広まった。現在では4万以上の社が作られ、分祀の数は随一といわれている。

illustration：佐藤仁彦

イザサワケノミコト
伊奢沙別命

属性：風の神／海の神／穀物神　ご利益：海上交通
神社：氣比神宮（福井県敦賀市）

2000年以上前に福井県敦賀に降りた神で、海では航海安全と水産漁業の隆昌、陸では産業発展と衣食住の守護神として神徳を発揮する。敦賀は古くより大陸からの玄関口であり、日本海における海上交通の重要な拠点として栄えていた。さらに海産物が朝貢される土地柄からか、「ミケツオオカミ（御食津大神）」などと称され、イザサワケは食物神としての一面ももつに至った。

能力データ
- 登場 3
- 名高さ 3
- 霊力 5
- 慈愛 3

illustration：佐藤仁彦

ソトオシヒメ
衣通姫

属性：和歌の神　ご利益：和歌・技芸上達
神社：玉津島神社（和歌山県和歌山市）

能力データ
- 登場 1
- 名高さ 3
- 霊力 3
- 慈愛 3

illustration：月岡ケル

第19代允恭天皇の皇女で、和歌の道に秀でた絶世の美女として有名な玉津島神社の祭神の1柱。その名前は、美しさが衣を通して光り輝いていたことに由来する。第58代光孝天皇の夢枕に立ち、和歌の浦の歌を詠んだことから玉津島神社に祀られるようになった。住吉明神、柿本人麻呂と合わせて和歌三神に数えられ、皇族から文人墨客まで、幅広い層に信仰されている。

オオミヤノメノカミ
大宮能売神

属性：市の神／食物神　ご利益：商売繁盛／諸願成就
神社：伏見稲荷大社（京都府京都市伏見区）

もとはウカノミタマに仕えた巫女だったが、のちに市場の守り手として神格化。今では商売繁盛の神としても扱われるようになった。

能力データ
- 登場 1
- 名高さ 3
- 霊力 3
- 慈愛 3

illustration：日田慶治

ヤノハハキノカミ
矢乃波波木神

属性：箒神／産神／屋敷神　ご利益：家屋敷の守護／安産守護
神社：伊勢神宮（三重県伊勢市）

掃除用具であるホウキに宿る神。伊勢神宮の内宮にのみ祀られており、ここでアマテラスの敷地を守っている。

能力データ
- 登場 3
- 名高さ 3
- 霊力 5
- 慈愛 3

illustration：竜胆とマワリ

149

COLUMN ❸

《神様と仏様の関係》

今では区別されるが神＝仏だった時代がある

日本固有の神様は諸々の物や現象に宿るものだが、仏とは本来「悟りを開いたひと」のことをいう。仏教はインドの神様もその教えのなかに取り込んでおり、「〇〇天」というのは、そうした神様たちのことだ。

仏教が伝来した6世紀中期は、仏は異国の神であり、日本の神と明確に区別されていた。しかし、平安時代に入り、仏教が盛んになると、神は仏の仮の姿である、あるいはその逆という考え方「本地垂迹思想」が広まり、神と仏を同一視するようになる（「神仏習合」）。その結果、イザナキは薬師如来、アマテラスは大日如来、スサノオは牛頭天王など、神と仏が結びつけられていった。下に並べた神様は、神仏習合の一例だ。

それから数百年後、明治新政府によって「神仏分離令」が出され、再び神と仏を区別するようになる。

アマテラスオオミカミ（大日如来）

イザナキノミコト（薬師如来）

イザナミノミコト（千手観音）

ムナカタサンジョシン（弁財天）

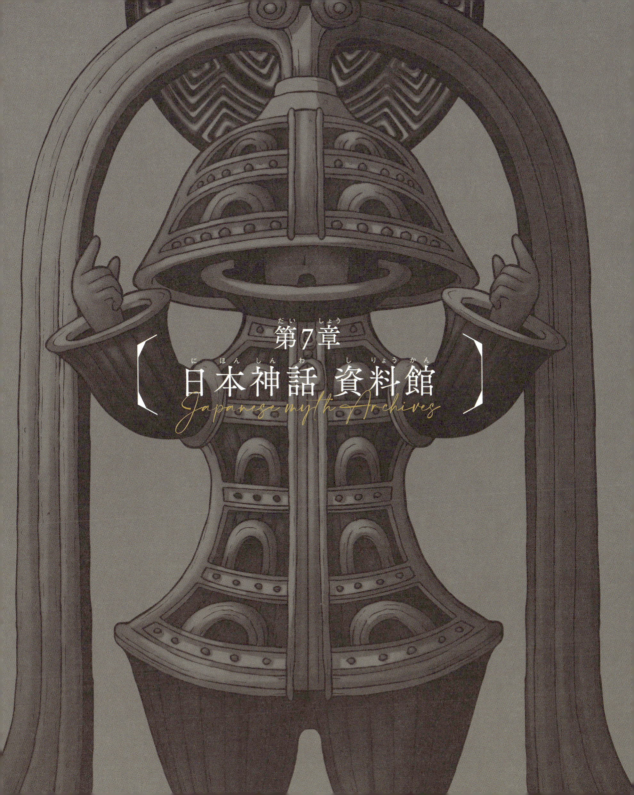

第7章
【日本神話 資料館】
Japanese myth Archives

『古事記』の世界

浮世絵や絵巻には『古事記』の世界やエピソードを題材にした作品が多数存在する。このページでは、そうした作品をいくつか紹介していこう。文字だけではわかりにくい『古事記』の世界観も、これらの作品に目を通すことで、より理解を深められるはずだ。

国生みをする イザナキノミコトと イザナミノミコト

江戸時代の浮世絵師・小林永濯画。イザナキとイザナミの夫婦が天沼矛で国を生む様子を描いている。

岩戸神楽ノ起顕

江戸時代の浮世絵師・三代目歌川豊国画。アマテラスが岩戸から出てくるシーンを描いたもの。

「大日本名将鑑」 アマテラスオオミカミ

明治時代の浮世絵師・月岡芳年画。こちらも「岩戸隠れ」を題材にしたもの。右に立っている女性がアマテラスだ。

「武勇見立十二支」 タケハヤスサノオノミコト

江戸時代の浮世絵師・歌川国芳画。偉人を十二支に紐づけたもので、スサノオとヤマタノオロチ（蛇）を描いた。

「大日本名将鑑」
神武天皇

月岡芳年画。イワレビコの最後の戦いを描いた作品。彼はこの戦いでナガスネビコを下し、天皇として即位した。

「日本史略図会 第十五代神功皇后」

月岡芳年画。神功皇后による朝鮮遠征（三韓征伐）を描いたもの。歌川国芳なども神功皇后を題材に絵を描いている。

ヤマトタケルノミコト

歌川国芳画。相模国で火攻めにあったヤマトタケルが、草を薙いで迎え火をし、炎を退ける場面。

ヤマトタケルノミコトと川上梟帥

月岡芳年画。川上梟帥（クマソタケル）は、オウスに敗れた際、彼にヤマトタケルの名をおくった。

153

『古事記』に関わる人々

現存する日本最古の歴史書『古事記』。このページでは、編纂に関わった太安万侶や、注釈書を書いた本居宣長などの知識人をはじめ、なにかしらの形で『古事記』とつながっている人々を紹介。『古事記』の成り立ちや、それにまつわるエピソードなどを紐解いていこう。

所有：多坐弥志理都比古神社
画像提供：田原本町教育委員会

[『古事記』を記した飛鳥・奈良時代の貴族 太安万侶]

太安万侶は、飛鳥・奈良時代の官吏。元明天皇の命により、稗田阿礼が誦習していた『勅語の旧辞』を撰録し、和銅5年（712年）に書として完成させた。

太安万侶
安万侶は、第42代文武天皇にはじまり、元明天皇、元正天皇と3代の天皇に仕えた。

[『古事記』の注釈書を書いた国学者 本居宣長]

本居宣長は江戸時代に活躍した国学者で、荷田春満、賀茂真淵、平田篤胤と合わせて「国学の四大人」と呼ばれている。伊勢国の松坂にある木綿商の家に生まれるが、跡を継がず医者になった。古典学にも強い関心をもっていた宣長は、開業医として働くかたわら『古事記』を研究し、35年かけて注釈書となる『古事記伝』（全44巻）を執筆した。その成り立ちや日本神話について解説するなど、入門書ともいえる内容になっている。

本居宣長

宣長が『古事記伝』を執筆したことで、『古事記』にも史料的価値が見出されるようになった。

第7章 — 日本神話資料館

[クーデターで新しい時代を切り開いた 天智天皇]

中大兄皇子の名で知られる第38代天皇。彼が蘇我入鹿暗殺事件を起こすと、これに憤慨した入鹿の父親・蝦夷が邸宅に火を放って自害。このとき多くの歴史書が焼失してしまう。

天智天皇
蘇我入鹿暗殺後、孝徳天皇とともに「大化の改新」と呼ばれる大規模な政治改革を行った。

[歴史書の編纂を指示した天皇 天武天皇]

天智天皇の弟。兄がクーデターを起こした際に多数の歴史書が焼失したことを受け、新たな国史の編纂を命じた。それが『古事記』や『日本書記』のもととなった。

天武天皇
宮廷に伝わる『帝紀』や『旧辞』を稗田阿礼に誦習させ、それが『古事記』のもとになった。

[アマテラスオオミカミのモデルともされる女帝 持統天皇]

天武天皇の皇后で、夫の崩御後に第40代持統天皇として即位した。『古事記』は第33代推古天皇までしか記されておらず、同書には登場しない。『日本書紀』においては、彼女が記述のある最後の天皇となる。『記紀』の編纂に深く関わっており、アマテラスがホノニニギに葦原中国の支配権を与えた話は、持統天皇が孫の軽皇子に皇位を譲ったことに由来すると考える人もいる。また、アマテラスが女神なのも、女帝である彼女を反映したとする説がある。

アマテラスを祀る伊勢神宮で最初の式年遷宮が行われたのも、彼女の在位中だったため、アマテラスに関係が深いとされる。

持統天皇

『古事記』に記された品

ギリシア神話や北欧神話など、諸外国の神話には、魔法ともいえる不思議な力を秘めたアイテムが多数登場する。ただ、日本神話にはそうした品が少なく、三種の神器ですら特別な力はもっていない。これは『古事記』や『日本書紀』が歴史書ゆえにだろう。編纂が進む過程で、あまりにも非現実的なアイテムは存在ごと消されてしまったと思われる。

三種の神器

草薙剣、八咫鏡、八尺瓊勾玉はまとめて「三種の神器」と呼ばれ、天皇が天皇であることを保証するアイテムだ。ヤマトタケルは叔母から授けられた草薙剣を使って窮地を脱しており、右下はそのシーンを描いた浮世絵だ。

天沼矛
別天津神がイザナキとイザナミに授けた矛。2柱が矛で大地をかき混ぜると、塩が滴り落ち、それが積もって淤能碁呂島が生まれた。

天之尾羽張
剣神であるアメノオハバリ、またはイザナキがカグツチを斬った際に使った十拳剣のこと。「十拳」は、刀身が拳10個分であることを意味する。

大量
アメノワカヒコの葬儀に参列したアヂスキタカヒコネは、死者である彼と間違えられて激怒。この剣を使って、その喪屋を切り倒した。

布都御魂
タケミカヅチが葦原中国を平定する際に使った剣。神武東征のあとに神格化され、霊格の高い剣神として祀られるようになった。

天之麻古弓
葦原中国に降るアメノワカヒコに授けられた弓で、彼はこれを使って高天原からの使者を射殺してしまう。矢は天之波波矢と呼ばれる。

湯津津間櫛
イザナキが髪にさしていた爪の形をした櫛。黄泉国を訪れた際、イザナキはヨモツシコメに追われることに。このとき、櫛を使って逃げ延びた。

八塩折之酒
スサノオがヤマタノオロチを退治する際に、アシナヅチ・テナヅチに作らせた酒。彼はこの酒をヤマタノオロチに飲ませて眠らせ、退治した。

潮満珠・潮乾珠
オオワタツミがホオリに与えた海神ならではアイテム。塩の満ち引きを操るもので、潮満珠を使うと水があふれ、潮乾珠を使うと水がひく。

十種神宝
ニギハヤヒが地上に降りる際、アマテラスから授かった10種類の神宝。その効果はさまざまだが、なかには死者を蘇らせる力をもつ品もある。

【参考文献】

『マンガでわかる古事記』
志水義夫（著）／池田書店

『古事記の仕組み―王権神話の文芸―』
志水義夫（著）／新典社

『日本の古典をよむ(1)　古事記』
山口佳紀、神野志隆光（校訂・訳）／小学館

『新版　古事記』
中村啓信（訳・注）／角川書店

『日本神話の源流』
吉田敦彦（著）／講談社

『イラストでわかる! 日本の神々の教科書』
椙山林継（著）／カンゼン

『神話の系譜―日本神話の源流をさぐる』
大林太良（著）／講談社

『徹底比較　日本神話とギリシア神話』
大脇由紀子（著）／明治書院

『日本神話の女神たち』
林道義（著）／文藝春秋

『日本の神々の事典　神道祭祀と八百万の神々』
薗田稔、茂木栄（監）／学習研究社

『神さまと神社　日本人なら知っておきたい八百万の世界』
井上宏生（著）／祥伝社

『「日本の神様」がよくわかる本　八百万神の起源・性格からご利益までを完全ガイド』
戸部民夫（著）／PHP研究所

『日本神さま事典』
三橋健、白山芳太郎（編・著）／大法輪閣

『神仏習合』
義江彰夫（著）／岩波書店

『八幡神と神仏習合』
逵日出典（著）／講談社

日本の神々
五十音索引

【ア】

アシナヅチノミコト・テナヅチノミコト ……093
アヂスキタカヒコネノカミ ……110
アツタノオオカミ ……144
アマツヒコネノミコト ……074
アマツマラ ……077
アマテラスオオミカミ ……054
アメノイワトワケノカミ ……119
アメノウズメノミコト ……082
アメノオシホミミノミコト ……072
アメノオハバリノカミ ……049
アメノカグヤマノミコト ……139
アメノコヤネノミコト ……084
アメノサグメ ……110
アメノタヂカラオノカミ ……081
アメノトコタチノカミ ……025
アメノヒボコ ……144
アメノホアカリノミコト ……146
アメノホヒノミコト ……073
アメノミカゲノミコト ……147
アメノミナカヌシ ……018
アメノワカヒコ ……107
イクシマノカミ・タルシマノカミ ……032
イクツヒコネノミコト ……075
イザサワケノミコト ……148
イザナキノミコト ……028
イザナミノミコト ……030
イシコリドメノミコト ……077
イツセノミコト ……129
イナヒノミコト ……129
イワサクノカミ・ネサクノカミ・イワツツノオカミ ……050

イワナガヒメ ……119
ウカノミタマノカミ ……105
ウガヤフキアエズノミコト ……128
ウケモチノカミ ……146
ウヒヂニノカミ・スヒヂニノカミ ……026
ウマシアシカビヒコヂノカミ ……024
オオキビツヒコノミコト ……143
オオクニヌシノカミ ……094
オオゲツヒメノカミ ……043
オオトシノカミ ……104
オオトノヂノカミ・オオトノベノカミ ……027
オオミヤノメノカミ ……149
オオモノヌシ ……103
オオヤツヒメノミコト ……147
オオヤビコノカミ ……097
オオヤマクイノカミ ……106
オオヤマツミノカミ ……042
オオワタツミノカミ ……040
オキツヒコノカミ・オキツヒメノカミ ……106
オキナガタラシヒメノミコト ……142
オトタチバナヒメノミコト ……142
オモイカネノカミ ……078
オモダルノカミ・アヤカシコネノカミ ……027

【カ】

カタクロクシン ……041
カナヤマビコノカミ・カナヤマビメノカミ ……046
カムオオイチヒメ ……104
カムナオビノカミ・オオナオビノカミ ……062
カムムスヒノカミ ……022
カムヤマトイワレビコノミコト ……136
カモワケイカヅチノミコト ……145
カヤノヒメノカミ ……042
キサガイヒメ・ウムギヒメ ……097
キノマタノカミ ……099
クエビコ ……102
ククノチノカミ ……043

ククリヒメノカミ	144		ノミノスクネ	145
クシナダヒメ	092			
クニノトコタチノカミ	025		**【ハ】**	
クマノクスビノミコト	076		ハニヤスビコノカミ・ハニヤスビメノカミ	046
クラオカミノカミ・クラミツハノカミ	051		ハヤアキツヒコノカミ・ハヤアキツヒメノカミ	041
コトシロヌシノカミ	108		ヒノカグツチノカミ	044
コノハナノサクヤビメ	120		ヒルコノカミ	032
			フツヌシノカミ	145
【サ】			フツノミタマ	139
サルタビコノカミ	118		フトダマノミコト	080
シオツチノカミ	127		ホオリノミコト	124
シタテルヒメノミコト	110		ホスセリノミコト	123
シナツヒコノカミ	041		ホデリノミコト	122
スクナビコナノカミ	100		ホノニニギノミコト	116
スセリビメノミコト	098		ホムタワケノミコト	148
スミヨシサンシン	063			
ソトオシヒメ	149		**【マ】**	
			ミカハヤビノカミ・ヒハヤビノカミ	051
【タ】			ミケヌノミコト	129
タカミムスヒノカミ	020		ミツハノメノカミ	047
タケウチノスクネ	144		ムナカタサンジョシン	070
タケハヤスサノオノミコト	056			
タケミカヅチノオカミ	052		**【ヤ】**	
タケミナカタノカミ	109		ヤクサノイカヅチノカミ	060
タマノオヤノミコト	080		ヤソガミ	096
タマヨリビメノミコト	129		ヤソマガツヒノカミ・オオマガツヒノカミ	062
チマタノカミ	061		ヤノハハキノカミ	149
ツキタツフナトノカミ	060		ヤマトタケルノミコト	140
ツクヨミノミコト	058		ヤマトトモモソビメノミコト	143
ツヌグイノカミ・イクグイノカミ	026		ヨロズハタトヨアキツシヒメノミコト	119
トヨウケビメノカミ	048			
トヨタマビメノミコト	126		**【ワ】**	
トリノイワクスフネノカミ	043		ワカヒルメノミコト	145
			ワクムスビノカミ	047
【ナ】			ワタツミサンシン	061
ナキサワメノカミ	050			
ニギハヤビノミコト	138			

監修者　志水義夫（しみづ・よしを）

東海大学文学部日本文学科教授。博士（文学）。1986年東海大学文学部北欧文学科卒業。1991年同大学院文学研究科日本文学専攻博士課程後期単位取得退学。2004年「古事記生成の研究」で博士（文学）の学位を取得（國學院大學）。東海大学文学部北欧文学科で小泉保先生に民族叙事詩『カレワラ』を学び、同大学院文学研究科で櫻井満先生に上代文学を学ぶ。学術専門書に『古事記生成の研究』（おうふう）、一般向け著書に『古事記の仕組み』（新典社新書37）、『マンガでわかる古事記』（池田書店）などがある。

編集・構成	株式会社ライブ
	竹之内大輔／畠山欣文
ライティング	中村仁嗣／野村昌隆
本文デザイン	内田睦美
DTP	株式会社ライブ
装丁	山田英春
カバー装画（アマテラスオオミカミ）	なんばきび

ビジュアル図鑑　日本の神々

発行日	2024年10月11日　初版
監修	志水義夫
発行人	坪井義哉
発行所	株式会社カンゼン
	〒101-0021
	東京都千代田区外神田2-7-1 開花ビル
	TEL 03（5295）7723
	FAX 03（5295）7725
	https://www.kanzen.jp/
	郵便振替　00150-7-130339
印刷・製本	株式会社シナノ

万一、落丁、乱丁などがありましたら、お取り替え致します。
本書の写真、記事、データの無断転載、複写、放映は、著作権の侵害となり、禁じております。

© Live 2024
ISBN 978-4-86255-733-9

Printed in Japan

定価はカバーに表示してあります。
ご意見、ご感想に関しましては、kanso@kanzen.jpまでEメールにてお寄せください。お待ちしております。